Jürgen H. Schmidt

Basics interkultureller Kommunikation

Bausteine für die Entwicklung interkultureller Kompetenz

Jürgen H. Schmidt

Basics
interkultureller Kommunikation

Bausteine für die Entwicklung
interkultureller Kompetenz

Bibliografische Information der Deutschen Nationalbibliothek
Die Deutsche Nationalbibliothek verzeichnet diese Publikation in
der Deutschen Nationalbibliografie; detaillierte bibliografische
Daten sind im Internet über http://dnb.d-nb.de abrufbar.

Herstellung und Verlag: BoD - Books on Demand, Norderstedt

ISBN 978-3-8448-1992-2

Titelbild und Abbildungen im Buchblock: Jürgen H. Schmidt
Zeichnungen in den Abbildungen auf den Seiten 14, 23, 29, 30 und
46: Janina Schmidt

Inhalt

Vorwort

In diesem Buch geht es um die Basics interkultureller Kommunikation. Vor nicht allzu langer Zeit handelte es sich dabei noch um ein Spezialthema, mit dem sich hauptsächlich international tätige Fachkräfte beschäftigten. Inzwischen findet interkulturelle Kommunikation auch innerhalb Deutschlands in vielen alltäglichen Begegnungen statt. In den vergangenen Jahrzehnten sind Menschen unterschiedlichster Nationalitäten und Kulturen aus verschiedenen Gründen in unser Land gekommen: Studium oder Beruf, Flucht oder Vertreibung aus ihrer Heimat, Familienzusammenführung oder Heirat etc. Hinzu kommt, dass viele Kinder von Eltern mit Migrationshintergrund hier geboren werden und aufwachsen und dadurch von Geburt an von zwei Kulturen geprägt werden: der Ursprungskultur ihrer Eltern sowie der deutschen Kultur. Der Anteil von Menschen mit Migrationshintergrund in unserer Gesellschaft wird weiter steigen, sowohl durch weitere Zuwanderung als auch durch eine höhere Geburtenrate im Vergleich zu deutschen Eltern ohne Migrationshintergrund. Inzwischen ist es normal, dass man selbst in den Fußgängerzonen von Kleinstädten tagtäglich Menschen begegnet, die sich in einer Fremdsprache unterhalten. Kommt man als „Landei" (so wie ich) in eine Großstadt, dann hat man manchmal den Eindruck, mehr Unterhaltungen in anderen Sprachen als in Deutsch zu hören.

Aufgrund der beschriebenen Entwicklung begegnen sich in Deutschland Menschen mit unterschiedlichen kulturellen Prägungen – und damit findet auch interkulturelle Kommunikation statt: in Geschäften, am Arbeitsplatz, in der Schule, im Verein usw. Je nachdem, wie gut unser Gegenüber die deutsche Sprache beherrscht, ist uns oft gar nicht bewusst, dass da Menschen unterschiedlicher kultureller Herkunft miteinander kommunizieren.

Durch die Globalisierung gibt es gleichzeitig noch eine weitere Tendenz: Immer mehr Deutsche haben berufliche oder private Kontakte ins Ausland, sei es durch Geschäfts- oder Urlaubsreisen, durch Auswanderung oder zeitlich befristete Entsendung ins Ausland, Schüleraustausch oder Auslandsstudium, Partnerschaft oder Heirat etc. In diesen Fällen ist man sich in der Regel eher bewusst, dass interkulturelle Kommunikation stattfindet, weil man selbst Ländergrenzen überschreitet und ein anderes kulturelles Umfeld betritt.

Migration und Globalisierung werden sich vermutlich in den kommenden Jahren weiter fortsetzen. Damit verbunden ist die steigende Notwendigkeit, sich für den Umgang und die Begegnung mit Menschen aus anderen Kulturen entsprechende Fähigkeiten anzueignen. In diesem Zusammenhang wird immer wieder von der „Entwicklung interkultureller Kompetenz" gesprochen. Dabei ist es wichtig zu verstehen, dass die Entwicklung interkultureller Kompetenz ein lebenslanger Prozess ist. Die persönliche Herausforderung besteht darin, lernbereit und flexibel zu bleiben, und sich immer wieder bewusst zu machen, dass alle Erkenntnisse, die man im Lauf der Zeit gewonnen hat, nur Stückwerk sind. Unser menschliches Leben ist außerordentlich komplex. Wir können die individuelle und kulturelle Vielfalt in ihrer Gesamtheit letztlich nicht erfassen. Trotzdem finden wir im Laufe dieses lebenslangen Lernprozesses immer wieder Puzzleteile, die passen, und so mit der Zeit ein größeres Bild – und Sinn – ergeben.

An dieser Stelle möchte ich kurz meinen persönlichen Bezug zum Thema dieses Buches skizzieren. Ich selbst bin 1966 geboren und in einem kleinen Dorf am Rande des mittleren Schwarzwaldes (aber schon dem Schwabenland zugehörig) aufgewachsen. In der Zeit meiner Kindheit kamen viele „Gastarbeiter" nach Deutschland, bei uns im Dorf war es aber eher eine Seltenheit mit „Gastarbeiterkindern" in den Kindergarten oder in die Schule zu gehen. Während meiner

Berufsausbildung und Tätigkeit als Bankkaufmann hatte ich dann viel mehr Umgang und Kontakt mit Menschen, die aus fremden Ländern kamen. Dabei lernte ich auch eine große Bandbreite kennen: Menschen, die schon dreißig Jahre in Deutschland lebten und sich immer noch nicht richtig verständigen konnten, aber auch Menschen, die perfekt Schwäbisch sprachen! Ein weiterer interessanter Aspekt war, dass ich als Bankkaufmann viele Menschen im Zusammenhang mit dem Thema „Geld" und ihrem Umgang damit erlebte. Ich verstand, dass es nicht von der Nationalität eines Menschen abhängt, ob er vertrauenswürdig ist oder nicht, ob er ehrlich oder ein Gauner ist, ob er einen Kredit zurückzahlt oder nicht.

Seit meinem zwanzigsten Lebensjahr unternahm ich viele Reisen ins Ausland. So weiteten sich mein Horizont und auch mein Interesse für andere Länder und Kulturen. Ein paar Jahre später kam eine berufliche Neuorientierung dazu: Ich absolvierte eine theologische Ausbildung an einer freien Fachschule für Theologie und Mission. Nach insgesamt zehn Monaten Sprachstudium in Spanien und im Bergland von Peru lebte und arbeitete ich dann insgesamt sieben Jahre in dem Ausbildungszentrum eines Schweizer Missionswerkes (indicamino) im peruanischen Urwald. In diesem Ausbildungszentrum wurden Indianer aus ungefähr dreißig verschiedenen Ethnien des peruanischen Urwaldes als Schreiner, Mechaniker, Kleintierzüchter oder Pastoren ausgebildet. Ich selbst war in der theologischen Ausbildung von Indianerpastoren tätig. Meine Kollegen waren Peruaner (aus unterschiedlichsten Regionen des Landes, mit unterschiedlichen kulturellen Prägungen), Schweizer, Deutsche, Brasilianer sowie US-Amerikaner. Interkulturelle Kommunikation, sowie die damit verbundenen Herausforderungen, Fettnäpfchen – und manchmal auch

Konflikte – gehörten zum Alltag.[1] Doch die Thematik „Interkulturalität" prägte nicht nur meine Frau und mich, sondern auch unsere drei Kinder – und zwar in ganz unterschiedlicher Weise: Unser ältester Sohn ging jeweils für einige Monate in einen spanischen, deutschen, peruanischen sowie einen Schweizer Kindergarten. Er und unsere Tochter erhielten einen Teil ihrer schulischen Ausbildung an einer Schweizer Missionarskinder-Schule im peruanischen Urwald. Unser jüngster Sohn wurde in Peru geboren und hat damit auch die peruanische Staatsangehörigkeit. Da er aber im Alter von sechs Jahren nach Deutschland kam, hat er nie ein fremdes Schulsystem kennengelernt; er begann hier seine „schulische Karriere". Unsere drei Kinder wuchsen den überwiegenden Teil ihrer Kindheit im Ausland zusammen mit peruanischen, deutschen und Schweizer Kindern, auf. Während wir als Eltern das interkulturelle Zusammenleben immer wieder sehr bewusst reflektiert haben, sind unsere Kinder ganz natürlich in diesen Rahmen hineingewachsen. Die eigentlichen Herausforderungen für unsere Kinder ergaben sich erst mit ihrer Rückkehr in die „Heimat", die aber genauer gesagt nicht ihre Heimat, sondern die Heimat ihrer Eltern war. Für sie bedeutete es, sich in einem fremden Land einzuleben! Als Third-Culture-Kids sind sie „heimliche Einwanderer"[2]. Man merkt zwar keinen äußerlichen Unterschied zu anderen deutschen Kindern, aber innerlich nehmen sie das Leben hier in Deutschland durch eine Linse wahr, die sich vom Denken der deutschen Kultur oft unterscheidet.

---

[1] In meinem Buch *„Begegnungen in Peru – Urwaldindianer auf dem Weg ins 21. Jahrhundert"* erzähle ich von persönlichen Erlebnissen aus dieser Zeit, insbesondere von der Andersartigkeit indianischer Kultur und Denkweise.

[2] David C. Pollock, Ruth E. Van Reken, Georg Pflüger, *Third Culture Kids. Aufwachsen in mehreren Kulturen.* (Marburg an der Lahn: Francke, 2003), S. 69. Das Buch ist sehr empfehlenswert und vermittelt ein umfassendes Verständnis für Menschen, die als Kinder in mehreren Kulturen aufgewachsen sind.

Es gäbe natürlich noch vieles über meinen persönlichen Hintergrund und Bezug zum Thema zu berichten. Die genannten Ausführungen sollen jedoch genügen, um Ihnen als LeserIn einen kurzen Einblick in meinen Erfahrungshorizont zu geben. Gleichzeitig soll es Ihnen dabei helfen, Aussagen, die ich in diesem Buch mache, sowie die Perspektive, aus der ich an das Thema herangehe, besser zu verstehen.

Der Titel „Basics interkultureller Kommunikation" drückt mein Anliegen aus: Ich möchte *Grundlagen* für die Verbesserung interkultureller Kommunikation legen und vermitteln. Es geht mir nicht darum, das Thema akademisch umfassend und abgeschlossen zu behandeln. Ich komme aus der Praxis und verfolge daher eher einen pragmatischen Ansatz. Die Zielgruppe, die ich vor Augen habe, sind alle Menschen, die an der Thematik interessiert sind. Es ist mein Anliegen, jedem, der mit interkultureller Kommunikation zu tun hat, eine Einführung und Verständnishilfe zu bieten. Dabei möchte ich gewisse Bausteine oder Puzzlesteine weitergeben, die bei der Entwicklung interkultureller Kompetenz helfen können (und mir selbst persönlich geholfen haben) und dazu beitragen, ein umfassenderes Bild der Thematik zu entwerfen. Immer wieder werde ich auch weiterführende Literaturhinweise geben, damit interessierte LeserInnen, die tiefer in das Thema (oder bestimmte Teilbereiche davon) einsteigen wollen, schnell fündig werden.

Sie werden in diesem Buch auch immer wieder Fragen finden, die Ihnen dabei helfen sollen, Ihre eigene kulturelle Prägung sowie Ihre eigenen Erfahrungen zu reflektieren.

Mein allerherzlichster Dank gilt meiner Tochter Janina, die mehrere Zeichnungen für die Abbildungen in diesem Buch erstellt hat. Ebenso herzlich danke ich meiner Frau Martha sowie Elisabeth Flaig für das Korrekturlesen des Manuskripts.

Des Weiteren gilt mein Dank vielen lieben Menschen, die mir geholfen haben, andere Kulturen ein bisschen besser zu verstehen. Soweit ich das überblicke, wäre es ein unmögliches Unterfangen, eine vollständige Liste all derjenigen zusammenzustellen, die diesem Personenkreis angehören. Unter den Vielen, die mir in irgendeiner Weise Bausteine zur Entwicklung interkultureller Kompetenz weitergegeben haben, möchte ich an dieser Stelle aber doch ein paar Namen nennen: María del Mar Fernandez Ruiz (Spanien), Edgar Quispe Alfaro (Peru), Friedrich Dittmer (D), Ezequías Malpartida Sanchez (Peru), Christa Tödter (D), Rafael Ahuanari Arimuya (Peru; Shipibo), Andreas Zollinger (CH), Josué Sergio Ríos (Peru; Caquinte), René Mansilla (Chile). Herzlichen Dank dafür! ¡Muchas gracias!

Jürgen H. Schmidt

1. Einführung: Kommunikation innerhalb und außerhalb der eigenen Kultur

In diesem einführenden Kapitel werden wir uns zunächst einmal mit Kommunikation im Allgemeinen beschäftigen. Wie funktioniert Kommunikation? Was geschieht dabei im Einzelnen? Was ist das Besondere bei der Kommunikation zwischen Menschen, die unterschiedlichen Kulturen angehören?

Die Kommunikationslehre ist ein weites, umfangreiches und vielschichtiges Feld. Es gibt viel Literatur dazu und viele Modelle und Versuche, an das Thema heranzugehen. In diesem Buch werden wir immer wieder auf Modelle zurückgreifen. Modelle sind etwas sehr Sinnvolles und Nützliches. Sie dienen dazu, bestimmte Aspekte eines Themas deutlich zu machen und zu veranschaulichen. Der Übersichtlichkeit wegen erfolgt die grafische Darstellung oft in vereinfachter Form. Damit stoßen Modelle natürlich an ihre Grenzen, weil sie oft nur wenige Aspekte eines Themas darstellen und so der Gefahr der zu starken Vereinfachung unterliegen. Diese Grenzen und Gefahren wollen wir daher beim Gebrauch von Modellen immer im Hinterkopf behalten.

1.1. Das Sender-Empfänger-Modell

Ein sehr gebräuchliches Modell, um zu veranschaulichen, was während des Kommunikationsprozesses geschieht, ist das folgende Sender-Empfänger-Modell. Dabei werden Begriffe aus der Radiokommunikation verwendet.

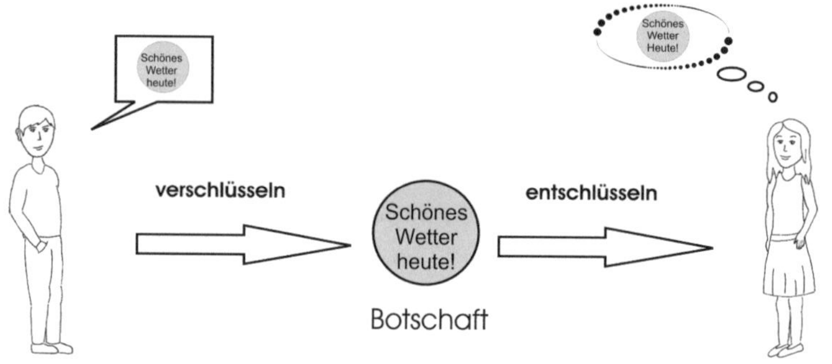

Wir haben hier zwei Menschen, die miteinander kommunizieren. Was geschieht dabei?

> Zunächst einmal haben wir zwei Gesprächs- oder Kommunikationspartner. Denjenigen, der gerade eine Mitteilung weitergibt, bezeichnet man als „Sender". Den anderen, der gerade die Mitteilung erhält, bezeichnet man als „Empfänger".

> Die Mitteilung selbst, die weitergegeben wird, bezeichnet man als „Botschaft" (oder Nachricht). *„Schönes Wetter heute!"*

> Die Botschaft wird dabei vom Sender verschlüsselt (codiert), d. h., sie wird in ein gewisses Gewand gekleidet und hat eine bestimmte Form (in diesem Fall ist sie rund dargestellt). Bei der Verschlüsselung der Botschaft verwendet der Sender einen Code. Dieser Code besteht einerseits aus den Worten der verwendeten Sprache, aber auch aus nichtsprachlichen (nonverbalen) Begleitsignalen wie Gesichtsausdruck, Gesten, etc.

> Um die Botschaft verstehen zu können, muss sie vom Empfänger entschlüsselt (decodiert) werden. Dazu muss er den vom Sender verwendeten Code kennen und anwenden können. Nur dann findet erfolgreiche Kommunikation zwischen den beiden Gesprächspartnern statt. Der Begriff „Kommunikation" ist ja vom lateinischen

Wort „communis" (gemeinsam, allgemein) abgeleitet. Darin kommt das Wesen von Kommunikation sehr gut zum Ausdruck: wir brauchen eine Gemeinsamkeit mit dem anderen, damit Kommunikation stattfinden kann, also einen gemeinsamen „Code".

Das Sender-Empfänger-Modell erklärt uns in kompakter Form, dass eine Botschaft auf ihrem Weg zum Empfänger zunächst vom Sender mithilfe eines Codes verschlüsselt und anschließend vom Empfänger entschlüsselt wird. Die entscheidende Frage dabei ist, ob beim Empfänger genau das ankommt, was der Sender damit sagen wollte? – Wie wir alle aus persönlicher Erfahrung wissen, ist das leider nicht immer der Fall. Wie beim Radio gibt es manchmal Störungen, sodass die Botschaft, oder Teile davon, nicht beim Empfänger ankommen oder missverstanden werden.

Dieses Sender-Empfänger-Modell stellt den Kommunikationsprozess natürlich sehr vereinfacht dar. Bei einer Radio- oder Fernsehsendung findet die Kommunikation wirklich nur in eine Richtung statt. Dagegen findet beim Gespräch immer[3] ein Dialog statt, d. h., Kommunikation ist eine Art Kreislauf: Der Empfänger der Botschaft reagiert auf dieselbe und wird dann selbst zum Sender einer neuen Botschaft, der ursprüngliche Sender wird wiederum zum Empfänger usw.

---

[3] Der Kommunikationswissenschaftler Paul Watzlawick stellte fünf Grundregeln (sog. „pragmatische Axiome") auf, welche die menschliche Kommunikation erklären. Die erste dieser Grundregeln besagt „Man kann nicht nicht kommunizieren." - Selbst das Schweigen in einer bestimmten Situation kann Bände sprechen! Daher findet immer ein Dialog statt, selbst wenn einer der Gesprächspartner nichts sagt. Eine kurze Einführung in das Modell von Paul Watzlawik finden Sie im Internet unter http://www.paulwatzlawick.de/axiome.html oder in: Walter Simon, *GABALs großer Methodenkoffer. Grundlagen der Kommunikation.* (Offenbach: GABAL, 2004), S.22-31.

Ein weiterer Aspekt, der bei der grafischen Darstellung des Modells fehlt, aber durchaus eine wichtige Rolle beim Kommunikationsprozess spielt, ist der Kontext.
Kommunikation findet nicht in einem neutralen Raum statt, sie ist immer in einen bestimmten Kontext (Umfeld / Rahmen) eingebettet. Der Kontext bestimmt mit, welcher Code verwendet wird. Wie bereits erwähnt, besteht der Code nicht nur aus Worten einer bestimmten Sprache, sondern er beinhaltet auch andere Aspekte wie Mimik und Gestik, Tonfall und Lautstärke etc. D. h., Kommunikation erfolgt nicht nur verbal, durch das (explizite) Aussprechen von Worten, sondern auch nonverbal, durch das, was nicht explizit ausgesagt, aber anderweitig (implizit) vermittelt wird, z. B. durch ein Lächeln[4]. Gerade der nonverbale Teil der Botschaft kann gewisse Missverständnisse (verbunden mit Irritationen oder Frustrationen) auslösen, z. B. wenn der Gesichtsausdruck des Senders seinen Worten widerspricht, oder wenn der Empfänger auf die Botschaft, die „zwischen den Zeilen" auf nonverbale Weise ausgedrückt wurde, nicht so reagiert, wie es der Sender erwartet.

Der Kontext, in welchem eine Kommunikationssituation stattfindet, bestimmt auch, welcher Code angemessen ist. Bei einem formellen Anlass (Gespräch mit dem Vorgesetzten, Geschäftsessen, Elternabend, Empfang, etc.) wird in der Regel ein anderer Code als „angemessen" betrachtet, als in einem informellen oder privaten Rahmen (mit Freunden oder Arbeitskollegen essen gehen, Gespräche innerhalb der Familie etc.). Bei einem nationalen Ärztekongress wird ganz selbstverständlich die medizinische Fachsprache als Code verwendet werden. Auch das ganze medizinische Hintergrundwissen wird unausgesprochen bei

---

[4] Die vierte, von Watzlawick formulierte Grundregel lautet: „Menschliche Kommunikation bedient sich analoger und digitaler Modalitäten." Mit „digital" ist die verbale, mit „analog" die nonverbale Kommunikation gemeint.

den Teilnehmern vorausgesetzt und bei den Fachvorträgen normalerweise nicht mehr explizit erklärt werden. Ein Außenstehender, der diese Begriffe (den „Code") und den medizinischen „Kontext" nicht kennt, wird bei diesem Kongress nur „Bahnhof verstehen". Um den Vorträgen wirklich folgen zu können, bräuchte er als „Outsider" jeweils eine explizite Erklärung des implizit vorausgesetzten Hintergrundwissens. Der Kontext übt also maßgeblichen Einfluss darauf aus, ob und wie eine Botschaft verstanden wird.

Kommen wir nochmals auf unser ursprüngliches Beispiel zurück: Betrachtet man allein die Worte *„Schönes Wetter heute!"*, dann geht man zunächst davon aus, dass dem auch wirklich so ist. Das muss aber nicht so sein, denn je nachdem, wie sich die meteorologischen Rahmen-bedingungen wirklich darstellen, kann die Botschaft auch ganz anders gemeint sein! Gehen wir also nun davon aus, wir hören die Worte *„Schönes Wetter heute!"* und nehmen gleichzeitig den Kontext wahr: Es regnet draußen in Strömen, das Gesicht und der Tonfall unseres Gesprächspartners drücken Frustration aus. Der Kontext macht deutlich: Unser Gesprächspartner hat das Gegenteil von dem gemeint, was seine Worte eigentlich bedeuten, wenn man sie wörtlich nimmt.

In unserem Beispiel (Schaubild des Sender-Empfänger-Modells) kommunizieren die beiden Gesprächspartner direkt – von Angesicht zu Angesicht. Es gibt natürlich auch andere Arten, wie der Kommunikationsprozess ablaufen kann, insbesondere durch den Gebrauch anderer „Kommuni-kationsmittel": Funkgerät, Telefon, Brief, E-Mail, Internet-Chat, eine dritte Person, welche die Botschaft mündlich weitergibt etc. Der Gebrauch von Kommunikationsmitteln hat natürlich ebenfalls Einfluss auf den Kommunikationsprozess. Der Anteil nonverbaler Bestandteile reduziert sich z. B.

erheblich – bei einem Telefongespräch hört man zwar noch die Stimme des anderen, Mimik und Gestik bleiben aber verborgen. Bei der schriftlichen Kommunikation reduziert sich alles auf die verwendeten Worte und es ist unter Umständen nötig, weitere Hintergrundinformationen zum Verständnis zu geben.

1.2. Die Botschaft und was der Empfänger damit machen kann

Nachdem wir uns zunächst mit dem grundsätzlichen Ablauf des Kommunikationsprozesses beschäftigt haben, werden wir uns nun speziell der Botschaft widmen – und dem, was der Empfänger der Botschaft damit machen kann!
Der Kommunikationswissenschaftler Friedemann Schulz von Thun hat sich aus kommunikationspsychologischer Sicht sehr intensiv mit der Thematik beschäftigt und sehr gute Modelle[5] entworfen, als Hilfestellung, um Kommunikationsstörungen zu entdecken, zu verstehen und zu lösen.
Eines seiner Modelle stellt die Botschaft als solche dar. Schulz von Thun wies darauf hin, dass jede Botschaft vier Seiten oder Aspekte beinhalten kann.[6] Man kann diese vier Seiten einer Botschaft grafisch, als sogenanntes „Kommunikationsquadrat", darstellen:

---

[5] Diese Modelle werden in seinen Büchern „Miteinander Reden" Band 1 – 3 (siehe Literaturverzeichnis) ausführlich dargestellt. Die Bücher sind allgemein verständlich geschrieben und enthalten sehr viele Beispiele und Illustrationen. Des Weiteren hat Friedemann Schulz von Thun zusammen mit Dagmar Kumbier das Buch „Interkulturelle Kommunikation: Methoden, Modelle, Beispiele" herausgegeben. Dieses Buch beschreibt u.a. die Anwendung verschiedener Modelle, die in „Miteinander Reden 1-3" vorgestellt wurden, im Rahmen der interkulturellen Kommunikation. Ich kann die vertiefende Lektüre dieser Bücher sehr empfehlen!
[6] Friedemann Schulz von Thun, *Miteinander Reden 1. Störungen und Klärungen,* (Reinbek: Rowohlt, 1981), S. 25ff.

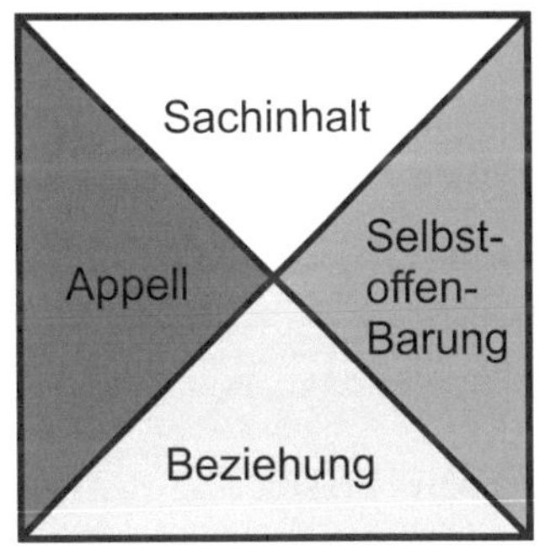

Ein erster Blick auf das Kommunikationsquadrat zeigt, dass eine Botschaft (Äußerung) immer etwas Vielschichtiges ist. Es geht bei einer Botschaft nie nur um die Sache, sondern immer auch um die Beziehung zum anderen![7] Dies ist insbesondere für (uns) Männer eine wichtige Erkenntnis; denn viele Kommunikationsstörungen und damit zusammenhängende Beziehungsprobleme in Partnerschaft und Ehe haben damit zu tun. Männer sind meist eher sachorientiert, während für Frauen in der Regel der Beziehungsaspekt im Vordergrund steht. Gleichzeitig ist es eine wichtige Erkenntnis für alle, deren kultureller Hintergrund deutsch ist. Deutsche sind – im Vergleich zu vielen anderen Kulturen – sehr sachorientiert, was in der interkulturellen Kommunikation ebenfalls zu Schwierigkeiten führen kann.

Schauen wir uns nun die vier Seiten einer Botschaft etwas genauer an. Anschließend werden wir sehen, was bei der Entschlüsselung durch den Empfänger geschehen kann.

1. Sachinhalt

Bei diesem Aspekt geht es um die Sache, eine Information, die ich weitergebe. In vielen Fällen, wo es um Informationen geht, steht diese Seite der Nachricht im Vordergrund: Daten, Fakten, Preise, Produktinformationen etc.
Ich möchte dies durch folgendes Beispiel verdeutlichen: *„Ich habe Hunger!"* – Vom Sachinhalt her

---

[7] Die zweite, von Watzlawick formulierte Grundregel lautet: „Jede Kommunikation hat einen Inhalts- und einen Beziehungsaspekt."

betrachtet enthält diese Aussage zunächst eine Information: Der Sender der Botschaft ist hungrig.

2. Selbstoffenbarung

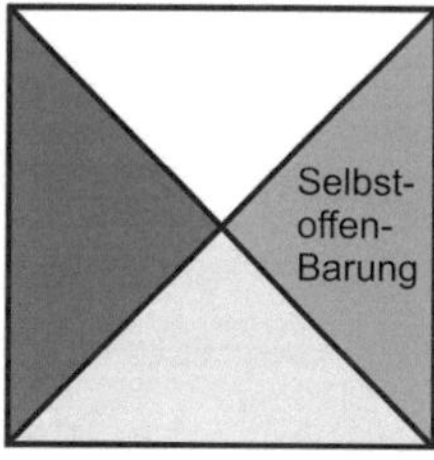

Jede Äußerung, die jemand von sich gibt, sagt auch etwas über diese Person (den Sender) aus. Es ist praktisch unmöglich zu kommunizieren, ohne auch etwas von sich selbst kundzugeben. Die Selbstoffenbarung kann sehr bewusst und gezielt geschehen, z. B. bei einer Präsentation oder einem Casting, oft mit dem Ziel einen guten und kompetenten Eindruck zu vermitteln (Selbstdarstellung). Manchmal geschieht die Selbstoffenbarung auch eher unbewusst und unfreiwillig; sie kann mitunter sogar peinlich für den Sender sein (Selbstenthüllung).

Im Falle unseres Beispiels *„Ich habe Hunger!"* geschieht die Selbstoffenbarung sehr bewusst. Der Sender teilt nicht nur „reine Sachinformation" mit, er bringt auch ein persönliches Bedürfnis zum Ausdruck.

3. Beziehung

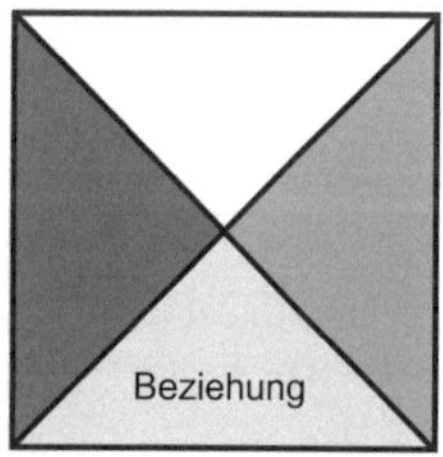

Bei zwischenmenschlicher Kommunikation spielt immer auch die Beziehung der beiden Kommunikationspartner eine Rolle. Dabei handelt es sich mitunter um einen sensiblen und delikaten Aspekt der Botschaft: Bei der Selbstoffenbarung gibt der Sender etwas von sich selbst preis. Aber hier, bei der Beziehungsseite geht es um die Person des Empfängers – und dieser könnte möglicherweise nicht damit einverstanden sein, was der Sender äußert! Auf der Beziehungsseite der Botschaft wird zweierlei ausgedrückt:

1. Was der Sender vom Empfänger hält (Beziehungsbotschaft).

2. Wie der Sender und der Empfänger zueinander stehen (Beziehungsdefinition).

Der Beziehungsaspekt kommt einerseits in der gewählten Formulierung zum Ausdruck. Diese kann vom Empfänger als angemessen, höflich und respektvoll, oder aber als unangemessen, unhöflich und respektlos empfunden werden. Zum Anderen kommt der Beziehungsaspekt im Tonfall und anderen nichtsprachlichen Begleitsignalen zum Ausdruck. Wie wir noch sehen werden, spielen diese Dinge gerade auch bei der interkulturellen Kommunikation eine sehr wichtige Rolle – insbesondere beim Gespräch mit Menschen aus Kulturen, die sehr beziehungsorientiert[8] sind. Schauen wir uns den Beziehungsaspekt in unserem Beispiel *„Ich habe Hunger!"* an: Unter normalen Umständen bringt der Sender durch Information und Selbstoffenbarung seines Bedürfnisses sein Vertrauen in die Person des Empfängers zum Ausdruck. Auf der Beziehungsseite wird dem anderen signalisiert: „Ich traue dir zu, dass du mein Problem lösen kannst!" Wie diese Beziehungsbotschaft beim Empfänger ankommt, hängt von verschiedenen Faktoren ab. Einerseits von der Beziehungsdefinition, denn der Empfänger könnte sich fragen „Warum sagt er mir das?" oder „Bin ich zuständig für seinen Magen?" – es könnte aber auch völlig klar für ihn sein, z. B. wenn die Botschaft von einem Kind an seine Mutter gesendet wird.
Des Weiteren wird es vom Tonfall, dem Gesichtsausdruck und den weiteren Umständen abhängen, wie der Empfänger die Botschaft aufnimmt. Stellen wir uns vor, ein pubertierender Sohn kommt von der Schule nach Hause, seine Mutter konnte aber aufgrund anderer Verpflichtungen noch nicht mit dem Kochen beginnen – und er schreit seine Mama an: „Ich habe Hunger!" Hier drückt der Sohn nicht Vertrauen in die Kompetenz seiner Mutter aus, sondern

---

[8] Siehe Kapitel 3 „Kultur und Werte".

Ärger. Und die Mutter wird von dem respektlosen Verhalten ihres Sohnes sicherlich nicht begeistert sein ...

4. Appell

Kommunikation dient immer auch dazu, auf den Empfänger Einfluss zu nehmen. Man möchte, dass er auf eine bestimmte Weise handelt oder etwas unterlässt, auf eine bestimmte Weise denkt, seine Meinung oder Gesinnung ändert, oder dass er etwas Bestimmtes fühlt. Dieser 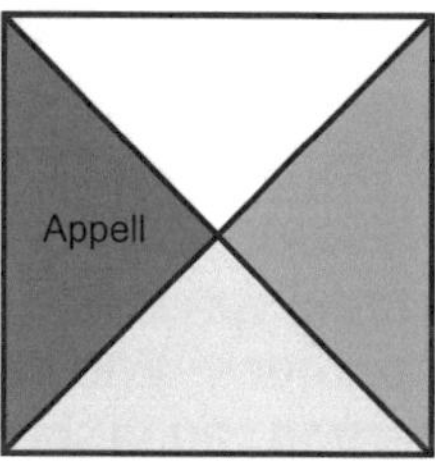

Versuch der Einflussnahme geschieht manchmal sehr offen (z. B. im Wahlkampf), er kann aber auch sehr versteckt sein (Manipulation).

Im Falle unseres Beispiels *„Ich habe Hunger!"* kommt der Appell recht offen und klar zum Ausdruck. Vom Tonfall und anderen Faktoren wird abhängen, ob der Appell beim Empfänger als Bitte oder als Forderung ankommt (mit entsprechenden Auswirkungen auf der Beziehungsebene).

Fazit: Eine Botschaft besteht nie nur aus reiner Sachinformation, sie hat immer mehrere Seiten. Der Anteil dieser vier Aspekte in einer bestimmten Botschaft ist dabei jeweils verschieden groß.

Die Tatsache, dass jede Botschaft vier Aspekte enthält, hat Konsequenzen und bringt gewisse Herausforderungen mit sich – insbesondere für den Empfänger. Der Empfänger steht nun vor der Aufgabe, die empfangene Botschaft richtig zu verstehen (zu entschlüsseln). Dabei stellt sich ihm die Frage, wie er die vier verschiedenen Seiten der Botschaft jeweils gewichten und auf welche Seite er besonders achtgeben soll. Als Empfänger hat er im Prinzip freie Auswahl, auf welche Seite der Nachricht er reagieren will und welche er – bewusst oder unbewusst – ignoriert. Dadurch kann es natürlich zu Störungen in der

Kommunikation kommen. Das geschieht fast zwangsläufig, wenn der Empfänger auf eine Seite Bezug nimmt, auf die der Sender das Gewicht gar nicht legen wollte. Der Sender fühlt sich verkannt, er hat den Eindruck, dass ihm eine (böse) Absicht untergeschoben wird, die er gar nicht hatte!

Schulz von Thun weist darauf hin, dass nicht nur die Botschaft selbst vier Seiten hat, sondern dass es auch vier Arten gibt, eine Botschaft zu hören.[9]

Jeder Empfänger braucht eine ausgewogene „Vierohrigkeit", um von Situation zu Situation richtig entscheiden zu können, auf welche Seiten der Botschaft der Sender das Gewicht gelegt hat, und um angemessen darauf reagieren zu können. In der Realität sind jedoch manche Ohren besonders gut ausgeprägt, während andere fast taub sind!

Jedes dieser vier Ohren ist besonders auf eine der vier Seiten einer Nachricht ausgerichtet:

Ohr	*Seite der Nachricht*
„Sach-Ohr"	Sachinhalt
„Selbstoffenbarungs-Ohr"	Selbstoffenbarung
„Beziehungs-Ohr"	Beziehung
„Appell-Ohr"	Appell

---

[9] Friedemann Schulz von Thun, *Miteinander Reden 1. Störungen und Klärungen,* (Reinbek: Rowohlt, 1981), S. 44ff.

Jedes Ohr hört sofort auf die Seite der Nachricht, auf die es „spezialisiert" ist, gleichzeitig hat es aber große Schwierigkeiten, andere Seiten der Nachricht überhaupt wahrzunehmen. Das Tragische ist, dass ein besonders ausgeprägtes Ohr sogar Botschaften wahrzunehmen glaubt, die so gar nicht gesendet wurden! Dies führt zu Missverständnissen, wenn...

... sich das Sach-Ohr auf die Sachseite der Botschaft stürzt, die „Information" aber nur eine untergeordnete Rolle spielt und stattdessen die Beziehungsseite oder ein verdeckter Appell im Vordergrund steht.

... das Selbstoffenbarungs-Ohr „psychologisiert" und versucht „verborgene Abgründe" des Senders aus dessen Botschaft heraus zu destillieren, ohne auf die eigentliche, sachliche Aussage der Botschaft einzugehen.

... das Beziehungs-Ohr statt der beziehungsneutralen Sachinformation eine Stellungnahme zur Person des Empfängers heraushört – wodurch sich dieser in seiner Ehre verletzt fühlt.

... das Appell-Ohr in jeder Äußerung eine Aufforderung entdeckt, obwohl dies vom Sender gar nicht beabsichtigt war.

Welches Ohr bei einem Menschen besonders stark ausgeprägt ist, ist individuell verschieden und hängt von der individuellen Persönlichkeitsprägung ab, die einerseits auf natürlicher Veranlagung (Vererbung), andererseits auf erlerntem Verhalten (während der „Sozialisation" bzw. „Kulturaneignung") beruht.

Erlauben Sie mir bitte, an dieser Stelle kurz eine persönliche Frage einzuflechten: Welches Ohr ist bei Ihnen besonders gut ausgeprägt – und welches ist bei Ihnen wenig entwickelt? Die persönliche Beantwortung dieser Frage kann Sie für Ihre Stärken und Schwächen sowie für damit verbundene Gefahren sensibilisieren. Durch die bewusste

Auseinandersetzung damit kann ein Lernprozess in Gang kommen, der mittel- bis langfristig Ihre kommunikative und interkulturelle Kompetenz erweitert.

Wir sahen die vier Seiten einer Botschaft, sowie unterschiedliche Arten diese zu hören. Der Sender sollte sich natürlich bemühen, seine Botschaft so verständlich wie möglich zu verschlüsseln. Wie der Empfänger diese Botschaft aber letztlich entschlüsselt, d. h., wie er sie versteht oder verstehen will und was er daraus macht, dafür ist er selbst verantwortlich. Schulz von Thun sagt, dass die ankommende Nachricht letztlich „ein <<Machwerk>> des Empfängers"[10] ist. Diese Erkenntnis mag zunächst etwas frustrierend und ernüchternd sein, kann aber auch entlastend sein, wenn die Kommunikation nicht so klappt, wie wir uns das wünschen. Angesichts all dessen, was theoretisch beim Kommunikationsprozess schiefgehen kann, ist es doch auch faszinierend, wie viel davon gelingt!

Anhand des vorgestellten Modells von den vier Seiten einer Nachricht und den vier Ohren können auch Missverständnisse in der Kommunikation erklärt werden. Missverständnisse können grundsätzlich zwei Ursachen haben:[11]
1. Missverständnisse können Botschaften sein, die nie ihr Ziel erreicht haben, sogenannte „verlorene Botschaften". Das ist z. B. der Fall, wenn der Sender bei der Verschlüsselung seiner Botschaft einen Appell mit eingebaut hat, dieser vom Empfänger aber nicht, oder nur sehr entstellt wahrgenommen wird.
2. Missverständnisse können Botschaften sein, die der Empfänger meint von seinem Gegenüber wahrge-

---

[10] A.a.O., S. 61.
[11] Helmut Rez, Monika Kraemer, Reiko Kobayashi-Weinsziehr, „Warum Karl und Keizo sich nerven" In *Interkulturelle Kommunikation: Methoden, Modelle, Beispiele.* (Reinbek: Rowohlt, 2006), S.50ff.

nommen zu haben, die aber dieser so nicht gesendet hat, sogenannte „imaginierte Botschaften". Das ist z. B. der Fall, wenn der Empfänger bei der Entschlüsselung einen Appell heraushört, während der Sender den Schwerpunkt auf die Sachseite gelegt und überhaupt keinen Appell beabsichtigt hat.

Es ist natürlich möglich, dass beide Ursachen gleichzeitig auftreten, d. h., eine gesendete Botschaft geht verloren, z. B. auf der Sachseite, und der Empfänger imaginiert eine nicht gesendete Botschaft, z. B. auf der Beziehungsseite. – Volkstümlich ausgedrückt sagt man dann, „man hat aneinander vorbei geredet". Um besser zu verstehen, wie es zu Missverständnissen kommt, kann es eine Hilfe sein, sich bewusst zu machen, ob 1) die Botschaft verloren ging, 2) eine Botschaft imaginiert wurde, 3) womöglich beides gleichzeitig geschehen ist.

Sie können das gleich einmal ausprobieren: Versuchen Sie, sich an Ihr letztes Missverständnis zu erinnern. Welche Bestandteile hatte die Botschaft des Senders? Auf welchen Aspekten der Botschaft lag der Schwerpunkt der Aussageabsicht? Was ist mit den Bestandteilen der Botschaft geschehen – sind wichtige Teile verloren gegangen? Wurde gar eine Botschaft empfangen, die gar nicht absichtlich gesendet wurde? Zur Überprüfung Ihrer Analyse kann es hilfreich sein, beim Sender nachzufragen.

Das hier vorgestellte Modell von den vier Seiten einer Botschaft und von den vier Arten, eine Botschaft zu hören, ist auch in der interkulturellen Kommunikation relevant. Der jeweilige kulturelle Hintergrund des Gesprächspartners beeinflusst sowohl die Art und Weise, wie er die Botschaft verschlüsselt als auch welche Seite der Botschaft er in den Vordergrund stellt. Der kulturelle Hintergrund beeinflusst aber auch die Art und Weise, wie er die Botschaft hört und welcher Seite der Botschaft er besondere Beachtung schenkt.

1.3. Die Herausforderung interkultureller Kommunikation

In den vorangegangenen Abschnitten haben wir uns mit den wichtigsten Aspekten der Kommunikationslehre beschäftigt und wichtige Modelle kennengelernt. Dabei wurden auch die Herausforderungen deutlich, insbesondere wenn es um das richtige Verständnis der gesendeten Botschaft geht. Doch was wir bisher betrachtet haben, spielte sich innerhalb des *gemeinsamen* kulturellen Rahmens der Gesprächspartner ab. Wir können uns vorstellen, dass sich die Komplexität wesentlich steigert, wenn Menschen aus *verschiedenen* Kulturen versuchen miteinander zu kommunizieren. Alles, was wir bisher betrachtet haben, behält auch bei der interkulturellen Kommunikation seine Gültigkeit. Hinzu kommt, dass unterschiedliche kulturelle Prägungen der Gesprächspartner eine Rolle spielen. Dabei gibt es unterschiedliche Varianten:

1. Einer der Gesprächspartner spricht in seiner Muttersprache, der andere Gesprächspartner in einer Fremdsprache.
2. Beide Gesprächspartner kommunizieren in einer Fremdsprache.
3. Beide Gesprächspartner sprechen in ihrer Muttersprache, haben aber einen unterschiedlichen kulturellen Hintergrund (z. B. ein Brite und ein US-Amerikaner oder ein Spanier und ein Chilene).

In jedem dieser Fälle kommt der kulturelle Faktor hinzu, auch wenn – wie bei der dritten Variante – keine Fremdsprache verwendet wird. Ist eine Fremdsprache im Spiel, dann hängt das Gelingen der Kommunikation auch davon ab, wie gut beide Gesprächspartner die angewandte Sprache beherrschen. Kommunikative Schwierigkeiten, die sich daraus ergeben, werden aber meist relativ schnell wahrgenommen. Was nicht immer so schnell wahrgenommen wird – obwohl es die Kommunikation in einem viel stärkeren Ausmaß beeinflusst – ist die kulturelle Prägung der beiden Gesprächspartner. Jeder hat seine eigene „kulturelle Brille", durch die er die Welt und was sich in ihr ereignet sieht, wahrnimmt und interpretiert. Diese „kulturelle Brille" wirkt wie ein Filter; daher wollen wir im Folgenden von sogenannten „kulturellen Filtern" sprechen. Worin diese kulturelle Prägung und ihr Einfluss auf die Wahrnehmung genau bestehen, werden wir in den Kapiteln 2 – 4 noch detailliert besprechen.

Das Bild vom „Filter" soll veranschaulichen, dass die Wahrnehmung selektiv bzw. verändert ist, dass etwas „gefiltert" wird. Nun, einen Filter könnte man entfernen, sodass die Wahrnehmung „ungefiltert" erfolgt. Beim kulturellen Filter ist das nicht ohne Weiteres möglich. Denn der Filter ist nichts Äußerliches – wie im Modell dargestellt – sondern er hat seinen Sitz im Menschen, er ist ein Teil von ihm und bestimmt die Art und Weise, wie er die Welt wahrnimmt. Hofstede spricht von einer „mentalen Programmierung".[12] Das kulturelle Programm eines Menschen bestimmt quasi sein „Betriebssystem" und kann nicht ohne Weiteres geändert werden. Insofern hinkt der Vergleich mit einem Filter.

Unser Ausgangspunkt ist wieder das Sender-Empfänger-Modell, das wir bereits kennengelernt haben. Dieses ergänzen wir nun durch den kulturellen Filter. Jeder am Kommunikationsprozess beteiligte Mensch hat seine ganz individuelle kulturelle Prägung. Daher genügt es nicht, das Schema um einen kulturellen Filter zu erweitern, sondern wir müssen zwei kulturelle Filter einbauen: einen auf der Seite des Senders und einen zweiten auf der Seite des Empfängers.

---

[12] Geert Hofstede, Gert Jan Hofstede, *Lokales Denken, globales Handeln. Interkulturelle Zusammenarbeit und globales Management.* (München: Deutscher Taschenbuch Verlag, 2011), S.3; im Folgenden zitiert als Hofstede, *Lokales Denken, globales Handeln.*

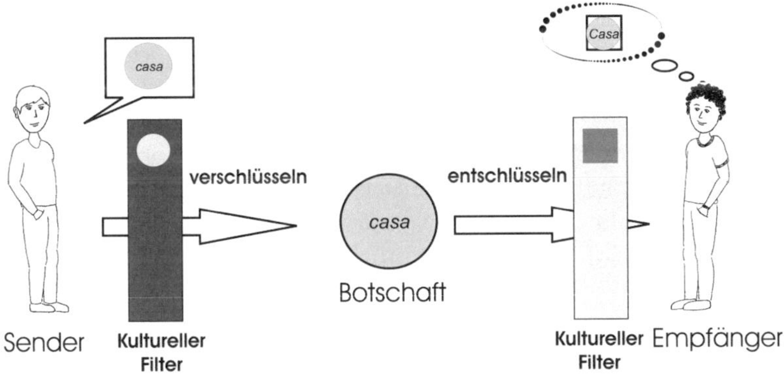

Nehmen wir einmal an, ein Deutscher und ein Peruaner treffen sich in Lima und kommen miteinander ins Gespräch. Sie unterhalten sich in der Landessprache Spanisch und kommen auf das Haus (casa) des Deutschen in „Alemania" zu sprechen. Der Deutsche spricht von seinem *casa*, dabei verschlüsselt er seine Botschaft ganz unbewusst mit seinem kulturellen Filter (im Modell „rund" dargestellt): Er denkt dabei an ein solides Einfamilienhaus mit Einliegerwohnung, Satteldach und Wintergarten etc. Der Peruaner entschlüsselt die empfangene Botschaft nun mit seinem eigenen kulturellen Filter (im Modell „quadratisch" dargestellt): Vermutlich denkt er beim Wort *casa* zunächst an das Haus, in dem er wohnt, vielleicht an eines der vielen Stadthäuser in Lima mit drei bis vier Stockwerken, Flachdach, ohne Heizung, von einer Mauer umgeben etc. Die Idee, die beide Gesprächspartner von einem Haus haben, ist von ihrer jeweiligen Kultur bzw. Umgebung geprägt. Trotzdem gibt es noch wenig Verständnisschwierigkeiten, der Peruaner wird die wesentlichen Aussagen des Deutschen verstehen, weil er das Konzept „Haus" kennt. Der Deutsche kann ihm in seinen weiteren Ausführungen erklären, wie sein Haus in Deutschland aussieht und welche Unterschiede zu einem Stadthaus in Lima bestehen. So kann er den Peruaner Stück für Stück an das deutsche Konzept von einem Haus heranführen. Trotzdem wird dessen kultureller Rahmen weiterhin seine Vorstellungen bestimmen, zumindest in den Details (z. B. peruanische Türen haben normalerweise einen runden Knauf anstatt Türklinken). Erst wenn der Deutsche ihn zu sich nach Hause einlädt und der Peruaner dessen Haus in Deutschland kennenlernt, wird er ein Konzept von einem deutschen Haus entwickeln können.

Dieses Beispiel von einem Haus mag zunächst ganz banal klingen, es veranschaulicht aber, wie selbst bei „Selbstverständlichkeiten" die kulturell geprägte Vorstellung der Gesprächspartner ihr Denken und den Austausch prägt. Trotz Verwendung des richtigen und für beide verständlichen Begriffs „casa" hatten beide eine ganz unterschiedliche – kulturell geprägte – Idee davon.

Wie bereits erwähnt, ist Kommunikation ja keine Einbahnstraße, sondern ein Dialog. Auf die Botschaft des Senders erfolgt eine Reaktion in Form einer Antwort oder eines Feedbacks. Schauen wir uns an, was dabei in der interkulturellen Kommunikation geschieht:

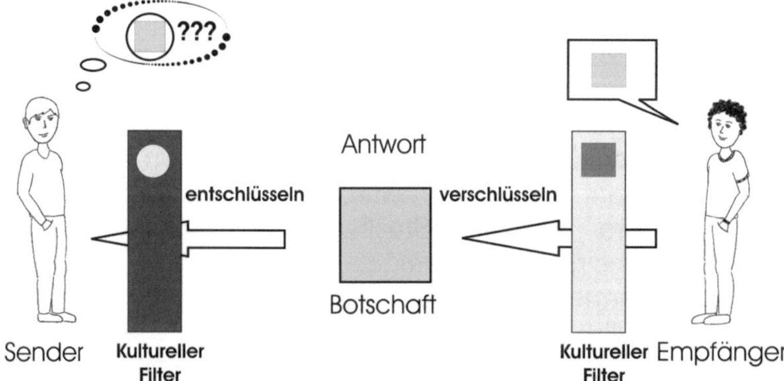

Die Reaktion hängt davon ab, wie der Empfänger die Botschaft des Senders verstanden hat bzw. was er meint, verstanden zu haben. Er selbst wird nun zum Sender und verschlüsselt seine Antwort ebenfalls ganz unbewusst mit seinem kulturellen Filter („quadratisch"). Der ursprüngliche

Sender wird nun zum Empfänger und entschlüsselt die empfangene Botschaft mit seinem kulturellen Filter („rund"), der Form, die seinem Denken entspricht. Wie wir gleich noch sehen werden, könnte die empfangene Antwort bei ihm Unsicherheit oder Verwirrung auslösen, weil sie möglicherweise auf ein Missverständnis hindeutet.

Abschließend ein kurzes Beispiel, das die Wirkung der kulturellen Filter nochmals illustriert und zeigt, welche Missverständnisse entstehen können. Es handelt sich dabei um eine wahre Begebenheit, von der mir mein Sprachlehrer erzählt hat:

Ein Deutscher und ein Peruaner unterhielten sich in einer Stadt im Bergland von Peru. Der Deutsche begann damit, dem Peruaner von dem „deutschen Pastor" (pastor alemán) seiner Kirchengemeinde zu erzählen. Es ergab sich ein angeregtes Gespräch und der Peruaner sagte, dass er auch einen „pastor alemán" habe. Je mehr Details der Peruaner von seinem „pastor alemán" erzählte, desto mehr wunderte sich der Deutsche. Als der Peruaner schließlich erwähnte, dass sein „pastor alemán" vom Hausdach gefallen sei und sich dabei seine „Pfoten" gebrochen habe, war die Verwirrung komplett! Der Deutsche wusste noch nicht, dass „pastor alemán" die spanische Bezeichnung für den Deutschen Schäferhund ist ...!

Situationen wie diese lösen eine ganze Palette an Gefühlen aus: Verwunderung, Verwirrung, Unsicherheit etc. Manches Missverständnis lässt sich aufklären und löst anschließend herzliches Gelächter aus. Andere Begebenheiten bleiben ungelöst und hinterlassen einen peinlichen und unangenehmen Nachgeschmack. Man weiß, dass irgendetwas schief gelaufen ist, aber nicht was und warum.

Die kulturelle Prägung der Gesprächspartner, veranschaulicht als „kulturelle Filter", kann wie eine Barriere wirken, welche die Kommunikation erschwert. Je größer die kulturellen Unterschiede zwischen den Beteiligten sind, desto höher ist die Barriere, die es zu überwinden gilt. Je unterschiedlicher die kulturell geprägten Denkweisen sind, desto mehr Missverständnisse können auftreten. Interkulturelle Kommunikation kann daher nur dann gut funktionieren, wenn wir die Kultur des Anderen kennenlernen. Deshalb werden wir uns in den folgenden Kapiteln ausführlich mit dem Thema Kultur beschäftigen – und damit, welche Auswirkungen die Kultur auf die Kommunikation hat.

Vertiefende Fragen:
- ✓ Denken Sie an ein Erlebnis mit jemandem aus ihrem *eigenen* Kulturkreis, bei dem die Kommunikation nicht glatt gelaufen ist. Notieren Sie eine gemachte Aussage und die darauf erhaltene Antwort. Welche Bestandteile enthielt die jeweilige Botschaft? Was war damit beabsichtigt? Mit welchem Ohr wurde die Botschaft gehört? Wie hat der andere darauf reagiert?
- ✓ Denken Sie an ein Erlebnis mit jemandem aus einem *anderen* Kulturkreis (vielleicht am Arbeitsplatz, während einer Urlaubsreise etc.). Was haben Sie wahrgenommen? Welche Gefühle wurden dabei ausgelöst? Was empfanden Sie als fremd, schräg oder seltsam?

2. Kultur – was ist das?

Wir werden uns nun intensiver mit dem Thema „Kultur"
beschäftigen. Zunächst einmal geht es um die Frage: Was
ist denn überhaupt Kultur? Was ist darunter zu verstehen?
Nun, im alltäglichen Sprachgebrauch verwenden wir den
Begriff „Kultur" meist im Sinne von *Kulturgütern* (Gemälde,
Skulpturen, Bauwerke etc.) oder *Kulturangeboten* (Kunst,
Theater, Musik etc.). Diese Dinge sind zwar äußerliche
Ausdrucksweisen der jeweiligen Kulturen aus denen sie
stammen, es ist aber nicht das, was in der Ethnologie unter
dem Begriff „Kultur" verstanden wird. Manchmal wird der
Begriff „Kultur" im Sinne von „Zivilisation" oder „zivilisiert"
verwendet. Damit ist meist der Gedanke verbunden, dass es
„zivilisierte Völker" oder „Kulturnationen" gebe – und eben
auch „unzivilisierte Völker", die „keine Kultur" hätten.[13] Diese
Ansicht bzw. dieser Gebrauch des Begriffs „Kultur" ist jedoch
Ausdruck   eines   Ethnozentrismus,   der   die   eigenen
„kulturellen Errungenschaften" für das Maß aller Dinge hält
und verächtlich auf andere Völker blickt, die angeblich „noch
nicht so weit fortgeschritten" seien. Auch diese Verwendung
des Begriffs „Kultur" trifft nicht, worum es eigentlich geht.
Was bedeutet also nun „Kultur" im Sinne der Ethnologie? –
Leider gibt es keine „Einheitsdefinition"; man hat inzwischen
Hunderte von Kulturdefinitionen in der Literatur gezählt. Und
vielleicht ist das auch gut so, weil sonst bestimmte Aspekte

---

[13] Was als „zivilisiert" oder „unzivilisiert" betrachtet wird, hängt sehr stark
vom eigenen, kulturell geprägten Blickwinkel ab. Ein Kollege, der früher
mit den Candoshi-Indianern in Peru arbeitete, erzählte mir von seinem
Gespräch mit einem Candoshi. Die Candoshi übten (und tun das teilweise
noch heute) die Blutrache aus. Als der erste Golfkrieg stattfand, stellte
dieser Candoshi-Indianer infrage, ob die Art der Kriegführung „zivilisiert"
sei. Was ihm aufstieß, war, dass man Bomben auf völlig unbekannte
Menschen abwarf, die man nicht einmal zu Gesicht bekam. Sein Konzept
von „zivilisierter Kriegführung" war, dass man dem Gegner „von Mann zu
Mann" entgegen tritt.

untergehen würden. Aus der Vielzahl der Definitionen möchte ich hier zwei vorstellen.

Der Ethnologe Lothar Käser definiert Kultur so: *„Kulturen sind Strategien zur Daseinsbewältigung".*[14] Bei dieser Definition steht die Gestaltung des Lebens und Überlebens des Menschen im Vordergrund. Überall da, wo Menschen zusammenleben, brauchen sie gewisse Regeln, die das Miteinander ordnen und das Verhalten des anderen in gewisser Weise kalkulierbar und vorhersehbar machen. Damit verbunden ist eine ethische Dimension; jede Kultur entwickelt gewisse Werte, die zur Bewertung des Verhaltens und zur Unterscheidung von „gut und böse" herangezogen werden. Ein weiterer Aspekt ist, dass Menschen ja nicht in einem Vakuum, sondern in einer bestimmten Umgebung leben. Und insbesondere die Umwelt des Menschen bringt gewisse Herausforderungen mit sich, die bewältigt werden müssen, wenn man in dieser Umgebung leben und überleben will. So bestimmt unter anderem die natürliche Umgebung in wesentlichem Maße die Art und Weise der Kultur(entwicklung) eines Volkes.

Käser weist auf acht unterschiedliche Typen von Umwelten[15] hin, welche maßgeblich zur Entwicklung unterschiedlicher Kulturen als Strategien zur Daseinsbewältigung geführt haben: 1) Tropische Waldgebiete, 2) Grasländer (Steppen, Prärien, Savannen), 3) Trockengebiete (Wüsten), 4) Mediterrane Buschwaldgebiete, 5) Mischwaldgebiete der gemäßigten Zone, 6) Subarktische Waldgebiete, 7) Polargebiete, 8) Gebirgsländer.

Was in der jeweiligen Umwelt als angemessene Strategie zur Daseinsbewältigung gilt, kann sehr verschieden sein. Denken wir nur einmal an Häuser, die je nach vorherrschendem Klima ganz unterschiedliche Funktionen

---

[14] Lothar Käser, *Fremde Kulturen. Eine Einführung in die Ethnologie für Entwicklungshelfer und kirchliche Mitarbeiter in Übersee.* (Bad Liebenzell: Verlag der Liebenzeller Mission, 1997), S.37.
[15] A.a.O., S.53ff.

erfüllen müssen: Schutz vor Regen, Sonne, Hitze oder auch extremer Kälte. So erfüllt ein Iglu in den Polargebieten genauso gut seinen Zweck wie ein Haus mit Palmblätterdach im tropischen Regenwald. Beide Behausungen erfüllen in ihrer jeweiligen Umgebung ihren Zweck und passen daher zur Strategie zur Daseinsbewältigung der jeweiligen Volksgruppe. Dass Dinge in verschiedenen Kulturen ganz unterschiedlich gemacht werden, bedeutet nicht notwendigerweise, dass die eine Art es zu tun „besser" wäre als die andere! Außerdem wird deutlich, dass es keine Volksgruppe „ohne Kultur" gibt; selbst diejenigen Indianerstämme, die immer noch isoliert von anderen im Amazonasgebiet leben, haben alle eine eigenständige Kultur entwickelt. Auch sie haben eine Strategie zur Daseinsbewältigung entwickelt, sonst könnten sie dort nicht überleben!

Nicht nur sichtbare äußerliche Merkmale einer Kultur (z. B. Baustil) werden von der Umwelt bestimmt, sondern auch die inneren Werte der Menschen. Ein kurzes Beispiel soll das veranschaulichen:
Deutschland gehört zu den „Mischwaldgebieten der gemäßigten Zone." Das Klima ist gekennzeichnet von vier recht klar ausgeprägten Jahreszeiten. Lange Zeit, bis zur Industrialisierung, war die Landwirtschaft der vorherrschende Erwerbszweig. In der Landwirtschaft gibt es feste Zeiten für Saat und Ernte. Im Winter kann man das Vieh, das man auch *regelmäßig* melken muss, nicht auf die Weide schicken. Dafür ist es aber möglich, landwirtschaftliche Produkte haltbar zu machen und aufzubewahren (Getreide, Heu, Stroh, Einmachen von Gemüse, etc.). So waren die Landwirte gezwungen, einen festen Lebens- und Arbeitsrhythmus zu entwickeln. Sie mussten es lernen, gut zu planen und auch die Ressourcen sparsam einzusetzen, denn sie mussten von der einen Ernte ein ganzes Jahr lang bis zur nächsten Ernte leben. So entwickelte sich in dieser

Umgebung eine Kultur des Planens, Vorausschauens und Sparens.

Im tropischen Regenwald des Amazonasgebiets ist die Situation eine völlig andere: Es gibt nur zwei Jahreszeiten, die sich vor allem durch die Niederschlagsmenge und Anzahl der Moskitos unterscheiden: Regen- und Trockenzeit. Aufgrund der beständigen Wärme wachsen die Pflanzen aber das ganze Jahr hindurch und es gibt fast immer etwas zu ernten. Durch das Klima und die Art der Früchte ist es aber im Prinzip unmöglich, Nahrungsmittel über längere Zeit aufzubewahren; sie verderben recht schnell. Dafür ist aber der Urwald eine Art „lebendiger Kühlschrank" aus dem man sich bedient und sofort konsumiert. Aufgrund dieser Situation entwickelte sich bei den Ethnien des Amazonasgebietes eine völlig andere Kultur. Vorausschauendes Planen war nicht oder nur bedingt nötig, und sparen war völlig sinnlos: entweder man konsumiert Nahrungsmittel sofort oder sie verderben. Irgend etwas, ob viel oder wenig, wird sich morgen schon im Urwald finden lassen. So haben Indianer eine Art „Gummimagen" entwickelt: Sie können erstaunliche Mengen verspeisen, sind es aber auch gewohnt, mit wenig Essen auszukommen. Sie haben es gelernt, flexibel mit den gegebenen Möglichkeiten umzugehen und sind bereit auch ganz spontan an einen anderen Ort umzusiedeln, wenn sie dort besser leben können.

Kulturen sind *Strategien zur Daseinsbewältigung*. Sie dienen also einem praktischen Zweck und passen sich Stück für Stück an Veränderungen in der Umwelt an.

Die zweite Definition von Kultur, die ich hier vorstellen möchte, stammt von der Sprachwissenschaftlerin Helen Spencer-Oatey. Sie bezeichnet Kultur als eine *„Sammlung von Einstellungen, Überzeugungen, Verhaltensnormen und grundlegenden Annahmen und Werten, die von einer Gruppe von Menschen geteilt werden, und die das Verhalten jedes* *dieser Gruppenmitglieder beeinflussen, sowie deren Interpretation von der „Bedeutung" des Verhaltens anderer Menschen.*"[16]

Diese Definition hat einen etwas anderen Ansatz als die Definition von Käser. Sie ist jedoch eine sehr gute Ergänzung, weil sie verschiedene Aspekte von Kultur deutlich macht:

> Kultur ist eine Art „Gesamtpaket", das allerhand beinhaltet: Einstellungen, Überzeugungen, Verhaltens- normen, Werte. Ein großer Teil der Kultur ist zunächst einmal unsichtbar. Eine Kultur beinhaltet viele „innere Aspekte", die im Menschen selbst liegen, und daher auf den ersten Blick dem Betrachter von außen verborgen bleiben.

> Dieses „Gesamtpaket" wird von einer Gruppe von Menschen geteilt. Kultur ist also zunächst nichts Individuelles, obwohl jedes Individuum eine kulturelle Prägung hat, sondern etwas Kollektives. Dabei ist die Größe der Gruppe unerheblich. Es gibt auch sehr kleine Volksgruppen, die nur aus etwa 300 bis 400 Angehörigen bestehen, eine völlig eigenständige Kultur und Sprache haben und sich als eigene Ethnie verstehen. Damit stoßen wir aber auch auf eine gewisse Schwierigkeit bei der Eingrenzung einer Kultur: Die Sprache ist zwar ein wesentliches Kulturmerkmal, denn gerade durch die Sprache werden auch die Werte einer Kultur ausgedrückt und vermittelt. In Spanien und den meisten Ländern Lateinamerikas wird zwar spanisch gesprochen, und es kann ganz allgemein von einem spanischsprachigen oder auch lateinamerikanischen Kulturraum gesprochen

---

[16] "Culture is a fuzzy set of attitudes, beliefs, behavioural norms, and basic assumptions and values that are shared by a group of people, and that influence each member's behaviour and his/her interpretation of the 'meaning' of other people's behaviour." Helen Spencer-Oatey, *Culturally speaking: managing rapport through talk across cultures.* (London: Continuum, 2000), S.4.

werden. Aber die kulturellen Unterschiede zwischen Spanien und Lateinamerika, aber auch zwischen den lateinamerikanischen Ländern, sind deutlich ausgeprägt. Auch Nationalitäten oder Ländergrenzen dienen nicht oder nur sehr bedingt der Eingrenzung einer Kultur: Das Konzept von „Nationalstaaten" ist eine neuere Entwicklung der nachkolonialen Zeit. In vielen Ländern, v.a. in Afrika, wurden die Ländergrenzen mit dem Lineal auf der Landkarte gezogen. In den entstandenen Staatsgebilden leben teilweise Ethnien als „Nation" zusammen, die sehr unterschiedliche Kulturen haben, was zu entsprechenden Spannungen und Konflikten führt; gleichzeitig haben Ländergrenzen Angehörige derselben Ethnie auf unterschiedliche Staaten verteilt. In Südamerika ist das zum Teil auch der Fall: Z. B. die Ticuna-Indianer leben im Dreiländereck Peru, Kolumbien und Brasilien. Sie sprechen drei Sprachen: ihre Muttersprache sowie spanisch und portugiesisch. Anhand dieser Beispiele wird deutlich, dass es nicht so leicht ist, eine Kultur genau abzugrenzen. Die Schwierigkeit wird ja auch deutlich, wenn man versucht, von *der* „deutschen Kultur" zu reden. Als Deutsche haben wir ja allerhand Gemeinsamkeiten, aber auch bedeutende regionale Unterschiede, ganz zu schweigen von den vielen Dialekten!

➢ Das kulturelle Gesamtpaket, das von einer Gruppe von Menschen geteilt wird, beeinflusst das Verhalten der Gruppenmitglieder. Am Verhalten wird zumindest ein Stück weit sichtbar, welche Einstellungen, Überzeugungen, Verhaltensnormen und Werte die Gruppe als „richtig" ansieht.

➢ Spencer-Oateys Definition weist noch auf einen weiteren wichtigen Punkt hin: Das kulturelle Gesamtpaket der Gruppe (Einstellungen, Überzeugungen, Verhaltensnormen und Werte) bildet den Maßstab, der zur Beurteilung anderer Menschen angelegt wird. – Und zwar sowohl zur Beurteilung des Verhaltens von Menschen, die zur *eigenen* kulturellen Gruppe gehören, als auch zur Beurteilung des Verhaltens von Menschen *anderer* Kulturen. Diesem Maßstab gemäß wird das Verhalten der anderen interpretiert. Beispiel: Ein Schüler indianischer Herkunft in den USA vermeidet es, seinem nicht-indianischen Lehrer ins Gesicht zu schauen, wenn er diesem eine Antwort gibt. Der Lehrer interpretiert dieses Verhalten als Respektlosigkeit, da es – gemäß seiner kulturellen Prägung und seiner damit verbundenen Überzeugung – der Respekt gebietet, den anderen anzuschauen, wenn man mit ihm redet. Nur, in der indianischen Kultur des Schülers gebietet es der Respekt, eine Respektsperson wie z. B. einen Lehrer beim Sprechen *nicht* anzusehen. Entsprechend seiner eigenen kulturellen Prägung hat sich der Schüler sich völlig korrekt und respektvoll verhalten.

Jeder von uns interpretiert die Bedeutung des Verhaltens anderer Menschen – und zwar unentwegt. In den allermeisten Fällen ist uns dies nicht einmal bewusst, es sei denn, das Verhalten des anderen irritiert oder verärgert uns. In der interkulturellen Begegnung ist dies öfter der Fall als sonst. Das Verhalten der anderen mutet uns seltsam, unverständlich, oder gar verrückt an (Obelix[17] drückt es immer wieder so aus: „Die spinnen, die Römer!"), weil sich ihr Verhalten an anderen Normen orientiert. Dies erklärt auch die Entstehung von Ethnozentrismus. *Ethnozentrismus* bedeutet, dass eine Gruppe von Menschen (Ethnie, Volk) sich als Zentrum der Welt versteht, und andere anhand des eigenen Lebensstils und der eigenen Weltanschauung beurteilt. Dabei betrachtet man in der Regel die eigene Kultur als die bessere. Nun, in gewisser Weise ist Ethnozentrismus

---

[17] Siehe die Comic-Hefte „Asterix und Obelix" von René Goscini / Albert Uderzo.

eigentlich eine natürliche Reaktion. Denn zunächst ist die eigene Kultur der natürliche und vertraute Bezugsrahmen, an dem das eigene Verhalten gemessen wird und an dem man das Verhalten anderer misst. Daher ist es zunächst ganz normal, dass man bei der Begegnung mit Fremden den Maßstab anlegt, den man selbst kennengelernt hat. Die Herausforderung in der interkulturellen Begegnung besteht darin, den eigenen Ethnozentrismus in einer gesunden Weise zu überwinden. Denn es besteht die Gefahr in das andere Extrem, nämlich eine unkritische Glorifizierung der anderen Kultur zu verfallen. Ethnozentrismus ist übrigens ein weltweites Phänomen. Man findet ihn selbst bei kleinen Ethnien im Urwald. Vor nicht allzu langer Zeit hat eine Ethnie, die als „Cashinahua" (Kashinawa) bekannt war, ihren Namen geändert. Der Name „Cashinahua" wurde dieser Gruppe einst von Außenstehenden gegeben, was übrigens öfters vorkommt. Er bedeutet „Fledermausleute" und ist keine sehr freundliche Bezeichnung für diese Volksgruppe. Die Ethnie verwendet nun offiziell als Namen die Selbstbezeichnung „Junikuin", das bedeutet „die *wahren* Menschen"[18].

Ergänzend zu o.g. Definition von Spencer-Oatey, die wir bereits ein Stück weit besprochen haben, gibt es noch ein Schichten- oder Zwiebelmodell, das die Komplexität von Kultur gut veranschaulicht:

---

[18] Interessanterweise bedeutet das Wort, das Ethnien zur Bezeichnung der *eigenen* Gruppe verwenden, in vielen Fällen „Menschen". Zur Bezeichnung von Angehörigen anderer Ethnien verwenden sie in der Regel ein anderes Wort, das nicht immer „nett" ist.

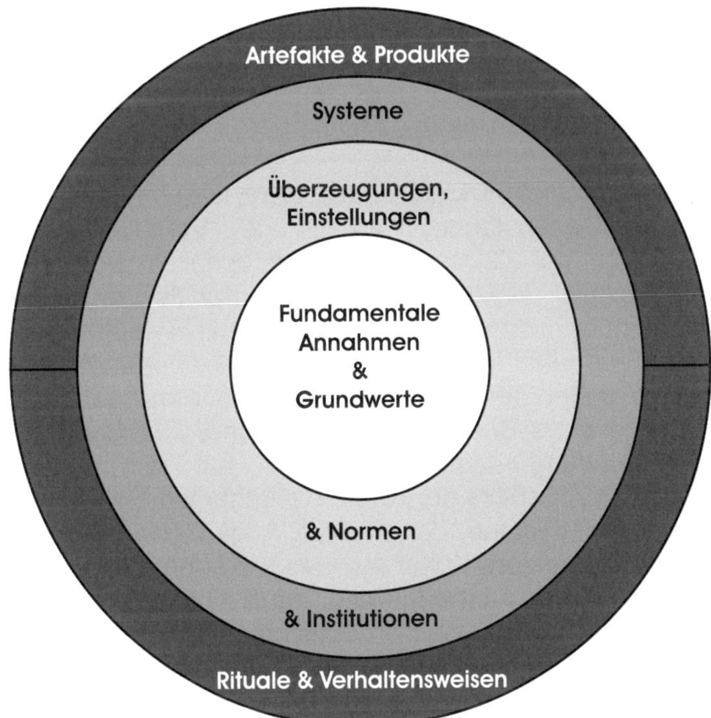

Dieses Modell macht deutlich, dass eine Kultur aus mehreren Schichten besteht und einen inneren Kern hat. Wenn jemand als „Outsider" in ein anderes kulturelles Umfeld kommt, dann nimmt er zunächst nur die äußere Schicht wahr; die anderen, inneren Schichten, sowie der Kern, bleiben ihm zunächst verborgen. Diese äußere Schicht ist der sichtbare Teil der Kultur, der mit den Sinnen wahrgenommen werden kann. Er besteht im Wesentlichen aus zwei Teilbereichen:

> Das, was die Menschen hergestellt haben und/oder verwenden: *Artefakte* und *Produkte*. Dazu zählen Nahrung und Kleidung, Gebäude und technische Geräte, Kunstwerke u.v.a.m.

➢ Das, was die Menschen tun: *Rituale* und *Verhaltens-weisen*. Auch dieses Gebiet ist sehr umfangreich; dazu gehören u.a. die Sprache, Musik, religiöse Praktiken, Feste, Tänze, Gestik und Mimik.

Die äußere Schicht erklärt jedoch *nicht*, welche *Bedeutung* bestimmte Gegenstände, Farben oder Verhaltensweisen haben. Auch der *Grund* dafür bleibt zunächst verborgen. Obiges Beispiel von dem indianischen Schüler, der seinen Lehrer beim Antworten nicht anschaute, macht deutlich, dass dasselbe Verhalten für zwei Personen, die unterschiedlichen Kulturen angehören, eine ganz andere, ja sogar entgegengesetzte Bedeutung haben kann. Die Bedeutung und Begründung dessen, was wir auf der äußeren, beobachtbaren Schicht der Kultur wahrnehmen, finden wir in den inneren Schichten, die unseren Augen verborgen sind. Wenn wir eine andere Kultur also wirklich kennenlernen, und vor allem verstehen lernen wollen, dann müssen wir uns die Mühe machen, zu den inneren Schichten vorzudringen! Dies ist allerdings einfacher gesagt als getan. Allein um in die äußere Schicht einer Kultur einzudringen, benötigt man etwa ein Jahr, vorausgesetzt, man spricht die Sprache der Menschen! Kulturforscher gehen davon aus, dass man ungefähr acht bis zwölf Jahre benötigt, um in den inneren Kern vorzudringen. Es ist also ein großes Missverständnis, ein paar Mal in ein bestimmtes Land gereist zu sein und dann zu meinen „man kenne die Kultur". Der Erwerb interkultureller Kompetenz setzt das Wissen voraus, dass man sehr viel zu lernen hat – und in beständiger Lernbereitschaft bleiben muss.
Wir wollen nun einen Schritt weiter gehen, und die zweite Schicht betrachten: Dazu gehören die *Systeme* und *Institutionen* einer Gesellschaft. Man könnte auch von der „Gesellschaftsordnung" sprechen. Ein Gesellschaftssystem setzt sich aus verschiedenen Bausteinen zusammen: dem sozialen Aufbau (soziale Schichten, Kastensystem), dem

religiösen System, dem politischen System sowie dem Wirtschaftssystem. Die Systeme bringen auch entsprechende Institutionen hervor: Parlamente, Gerichte, Polizei, Parteien, Gewerkschaften, Arbeitgeberverbände, Religionsgemeinschaften etc. Das Verhalten sowie die Produkte der Repräsentanten dieser Institutionen (Abgeordnete, Richter, Polizisten, Politiker etc.) können auf der äußeren, sichtbaren Schicht der Kultur, wahrgenommen werden. Die Begründung für das Wie und Warum dieser Systeme und Institutionen ist aber bei den tieferen Schichten der Kultur zu finden.

Damit kommen wir zur dritten Schicht: *Überzeugungen*, *Einstellungen* und *Normen*. Hier sind allgemeine Werte verankert, die auch das Verhalten der Menschen bestimmen. Sie geben Antrieb und Motivation zum Handeln. Dazu gehört, was die Menschen der Kultur für erstrebenswert halten, was sie sich wünschen und was sie mögen. Die Menschen haben auch eine Vorstellung davon, was getan werden sollte, und wie man sich richtig und angemessen verhält. Diese Schicht der Kultur kommt oft bei tiefer gehenden Gesprächen zum Ausdruck. Es werden Überzeugungen geäußert, was „richtig" sei und was z. B. die Politiker tun müssten („So etwas gehört verboten!") Überzeugungen und damit verbundene Einstellungen führen z. B. zur (Be)Gründung bestimmter Institutionen auf der darüber liegenden zweiten Schicht. Die Überzeugung, dass Arbeiter ein Recht auf Mitbestimmung und gerechte Arbeitsverhältnisse haben, kann zur Gründung einer Gewerkschaft (Institution; zweite Schicht) und zu Streiks (Verhalten; äußere, sichtbare Schicht) führen.

Den inneren Kern einer Kultur bilden die *fundamentalen Annahmen* und *Grundwerte*. Diese haben einen engen Bezug zur vorherrschenden Weltanschauung der Gruppe und enthalten religiöse, philosophische und ideologische

Aspekte. Wichtige Personen („Helden") oder Ereignisse in der Geschichte eines Volkes haben bei der Entstehung dieser fundamentalen Annahmen und Grundwerte oft eine bedeutende und prägende Rolle gespielt.

Dieser innere Kern ist die wichtigste Schicht einer Kultur, denn die Schichten darüber leiten sich direkt oder indirekt daraus ab. Ich möchte dies anhand eines Beispiels verdeutlichen: Gehen wir dabei von einer Ethnie aus, die ein „animistisches Weltbild"[19] hat. Eine fundamentale Annahme animistischer Weltbilder ist, dass es eine enge Wechselwirkung zwischen der physischen (materiellen) und der geistlichen (immateriellen) Welt gibt. Dabei spielt der Einfluss von bösartigen Geistwesen eine große Rolle, insbesondere bei der Entstehung von Krankheiten.[20] Versuchen wir, diesen kleinen Teilaspekt auf das Schichtenmodell anzuwenden, und zwar von innen nach außen:

➢ Fundamentale Annahme: Geistwesen können Krankheiten verursachen, aber es gibt auch Mittel, um sich dagegen zu schützen. Außerdem gibt es religiöse Spezialisten, die Zugang zur geistlichen Welt haben und im Falle einer Erkrankung als Vermittler oder Heiler konsultiert werden können.

---

[19] In seinem Buch *Animismus* beschreibt Lothar Käser sehr ausführlich, was animistische Weltbilder bedeuten. Es ist – ebenso wie sein Buch *Fremde Kulturen* sehr zu empfehlen!

[20] Arbeitet man als Arzt oder Krankenschwester mit einem wissenschaftlich (westlich) geprägten Konzept von Krankheit und Krankheitsentstehung in so einer Kultur, dann prallen Welten aufeinander und es kann mitunter zu großen Missverständnissen kommen. Hofstede erwähnt z. B. Thabo Mbeki, der sich als Präsident von Südafrika zunächst weigerte (bis er im Jahr 2000 seine Meinung änderte), die Verbindung einer Infizierung mit dem HIV-Virus und AIDS anzuerkennen. Der Grund dafür ist der weit verbreitete Glaube an Zauberei, der letztlich auf einem animistisch geprägten Weltbild basiert. Hofstede, *Lokales Denken, globales Handeln*, S.309.

➢ Überzeugungen: Es müssen bestimmte Tabus beachtet werden, um den Zorn von Geistwesen nicht zu provozieren. Es gibt Rituale oder Amulette, die vor Schaden durch Geistwesen schützen können. Schadenszauber kann ein weiterer Grund für Krankheit sein.

➢ Institutionen („religiöse Spezialisten"): Schamanen, Heiler, Zauberer etc., die Zugang zur geistlichen Welt haben und entsprechendes Wissen besitzen, um zu helfen oder zu schaden.

➢ Verhaltensweisen und Rituale: Kranke werden zum Schamanen gebracht; bestimmte Rituale werden ausgeführt; die Menschen tragen Amulette oder vermeiden bestimmte Verhaltensweisen, um sich zu schützen.

Bereits geringe Verschiebungen bei den fundamentalen Annahmen und Grundwerten haben erhebliche Auswirkungen; sie können zu einer Destabilisierung und im Extremfall sogar zu einem Zusammenbruch des Systems führen. Andererseits bedeutet die Annahme von Artefakten oder Produkten auf der sichtbaren Ebene einer Kultur nicht unbedingt eine (größere) Veränderung bei den tiefer liegenden Schichten. Selbst die Verwendung moderner Medizin und Medikamente bedeutet noch lange nicht, dass sich z. B. ein animistisches Weltbild von Grund auf verändert hat!

Wie bereits erwähnt erfolgt die Annäherung und Anpassung eines „Outsiders" zunächst äußerlich, und zwar in der Regel dadurch, dass man es lernt, sich nach Landessitte zu grüßen, sich entsprechend kleidet, oder auch entsprechende Tischmanieren lernt. Das bedeutet aber nicht unbedingt, dass man den „inneren Wert" von bestimmten Verhaltensweisen oder gar deren kulturelle Bedeutung verstanden hat. Man kann kulturelle Regeln und Verhaltensweisen einer anderen Kultur erlernen und sich entsprechend verhalten, ohne jemals verstanden zu haben, warum „man" das so macht!

Eine andere Form zur Darstellung der sichtbaren und unsichtbaren Aspekte einer Kultur ist das sogenannte Eisbergmodell.

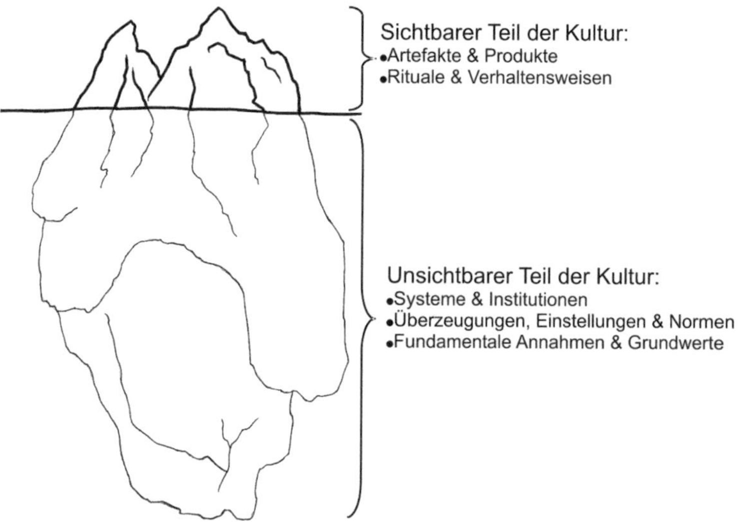

Von einem Eisberg sind ja nur ungefähr 10% sichtbar, die restlichen 90% sind unsichtbar unter Wasser. Kollidieren zwei Eisberge miteinander, dann geschieht das unter der Wasseroberfläche. Dieses Bild kann uns eine gute und ergänzende Perspektive vom Wesen unterschiedlicher Kulturen geben; es illustriert gleichzeitig die wirkliche Ursache eines Zusammenstoßes. Wenn es zwischen Menschen unterschiedlicher Kulturen „kracht", dann mag ein äußerlicher Anlass zunächst die Ursache dafür sein, z. B. irgendeine Verhaltensweise, die von dem Angehörigen der einen Kultur als extrem unhöflich oder beleidigend aufgefasst wird, in der anderen Kultur aber vielleicht sogar als höflich gilt. Der eigentliche Grund für den „Crash" ist aber unter der Oberfläche, bei den Einstellungen, Überzeugungen, Verhaltensnormen und Werten zu finden!

Wie bereits erwähnt, spricht Hofstede im Zusammenhang mit Kultur von einer „mentalen Programmierung". Diese „mentale Programmierung" erfolgt im Leben eines jeden Menschen im Rahmen der sog. „Sozialisation". Innerhalb des sozialen Umfeldes, in dem ein Individuum aufwächst, erlernt es auch die Kultur der Gruppe, zu der es gehört. Man spricht in diesem Zusammenhang auch von Kulturaneignung oder Enkulturation. Der Mensch wird also nicht mit einer bestimmten Kultur geboren, eine Kultur wird erlernt und angeeignet. Die „kulturelle Programmierung" beginnt im Babyalter und bis zum achten Lebensjahr ist bereits der größte Teil der Kultur (etwa 80% in ihren Grundformen[21]) verinnerlicht.

Wir alle haben die Einstellungen, Überzeugungen, Verhaltensnormen und Werte der kulturellen Gruppe, zu der wir gehören, verinnerlicht. Sie sind ein *unbewusster* Bestandteil unseres Wesens und unserer Identität geworden und bestimmen unser Handeln. Und ebenso *unbewusst* nehmen wir die Welt und das Verhalten anderer Menschen durch die Brille unserer kulturellen Prägung wahr.

In diesem Buch geht es ja um interkulturelle Kommunikation und Bausteine für die Entwicklung interkultureller Kompetenz. Dabei versucht man oft den direkten Weg zum Ziel zu nehmen, indem man sich überwiegend auf die andere, fremde Kultur konzentriert und versucht sich darüber Wissen anzueignen. Aber eine wichtige Voraussetzung für die Entwicklung interkultureller Kompetenz und für das Gelingen interkultureller Kommunikation ist zunächst einmal, sich selbst und die eigene kulturelle Prägung kennenzulernen. Wir müssen uns das, was wir unbewusst im Laufe unserer Enkulturation verinnerlicht haben, *bewusst*

---

[21] Vgl. Käser, *Fremde Kulturen,* S.118.

machen. Am Einfachsten geschieht das natürlich in der Begegnung mit anderen Kulturen. Erst als ich längere Zeit im Ausland lebte, merkte ich, wie deutsch ich bin! Bei diesem Prozess des Sich-bewusst-Machens der eigenen kulturellen Prägung kann uns spezifisches Wissen über Kultur und über mögliche kulturelle Unterschiede helfen, die Dinge besser einzuordnen und zu verstehen. Diesem Zweck sollen dieses sowie die folgenden Kapitel dienen.

An dieser Stelle möchte ich kurz ein paar Worte zum Thema „Kulturtraining" sagen. Für die Vorbereitung auf die Begegnung mit Menschen aus anderen Kulturen gibt es zwei verschiedene Ansätze, die sich grundsätzlich voneinander unterscheiden:

1. Länderspezifische Kulturtrainings, bei denen spezifisches Wissen über die jeweilige Zielkultur vermittelt wird, insbesondere über Bräuche und Gepflogenheiten, sowie darüber, was man in der Begegnung mit Menschen dieser Kulturen tun oder auch lassen sollte.

2. Allgemeine oder kulturübergreifende Kulturtrainings, bei denen allgemeines Wissen über das Funktionieren von Kulturen, unterschiedliche Wertvorstellungen etc. vermittelt wird. Das Ziel ist eine grundsätzliche Sensibilisierung für andere Kulturen sowie die Befähigung, das erworbene Wissen in ganz unterschiedlichen Kulturen anwenden zu können.

Mit diesem Buch verfolge ich den Ansatz des kulturübergreifenden Kulturtrainings. Es ist meine Absicht, Sie zu sensibilisieren und Sie anzuregen, sich intensiver mit der Thematik „Kultur" auseinanderzusetzen. Länderspezifische Kulturtrainings sind sicher eine gute Sache und sie haben ihre Berechtigung. Es besteht aber die Gefahr, dass man sich zwar theoretisches Wissen über eine spezifische Kultur aneignet, ohne jedoch die andere Kultur und die tieferliegenden Gründe für ihre Andersartigkeit zu verstehen. Eine weitere Gefahr des länderspezifischen Kulturtrainings ist es, vorschnell Stereotypen über die andere Kultur („die Deutschen sind so", „die Griechen sind so" etc.) zu übernehmen, ohne diese weiter zu reflektieren oder zu hinterfragen. Auf diese Weise steckt man Angehörige einer anderen Kultur vorschnell in eine Schublade. Leider wird dadurch echte interkulturelle Begegnung und Kommunikation verhindert; der andere und seine Prägung bleiben unverstanden. Daher ist meines Erachtens ein kulturübergreifendes Training für den Erwerb interkultureller Kompetenz unerlässlich, um ein differenziertes und angemessenes Verständnis anderer Kulturen und kulturell geprägter Verhaltensweisen zu erlernen. Ein länderspezifisches Kulturtraining ist dann eine gute und wichtige Ergänzung dazu, um die kulturellen Ausprägungen eines bestimmten Landes kennenzulernen – vorausgesetzt man vermeidet die Übernahme von Stereotypen.

Zum Abschluss dieses Kapitels habe ich wieder eine Übung vorbereitet, mit der Sie das Thema Kultur nochmals reflektieren und das bisher Besprochene anwenden können:
- ✓ Nehmen Sie das Zwiebeldiagramm (S.41) zur Hand. Denken Sie über unterschiedliche Aspekte Ihrer eigenen Kultur nach, z. B. ein bestimmtes Erlebnis mit Menschen aus ihrem eigenen Kulturkreis. Gehen sie dabei von außen nach innen vor (beginnen Sie z. B. mit einer konkreten Verhaltensweise) und versuchen Sie für jede Schicht Beispiele zu finden, sowie den inneren Zusammenhang zu verstehen. Welche Überzeugungen und Annahmen könnten hier zugrunde liegen?
- ✓ Denken Sie nun an ein Erlebnis in einer anderen Kultur, die Sie etwas kennengelernt haben (Reise, Auslandsaufenthalt). Gehen Sie auf dieselbe Weise vor. Auf welche Schwierigkeiten stoßen Sie dabei? Wie könnten Sie überprüfen, ob ihre Interpretation des inneren Zusammenhangs tatsächlich auf diesen Kulturkreis zutrifft?

3. Kultur und Werte

Im vorherigen Kapitel wurde deutlich, welch wichtige Rolle gerade die unsichtbaren Bestandteile einer Kultur (die inneren Schichten des Zwiebelmodells bzw. die verborgenen 90% beim Eisbergmodell) spielen. In diesem Kapitel werden wir nun die teils beträchtlichen Unterschiede etwas genauer kennenlernen. Es gibt verschiedene Ansätze, die Unterschiedlichkeit von Kulturen zu kategorisieren; dabei gibt es durchaus Überschneidungen und gewisse Gemeinsamkeiten. Ein paar dieser Ansätze möchte ich zunächst kurz vorstellen; in der anschließenden Vertiefung werde ich auf den einen oder anderen Aspekt näher eingehen.

Hofstede spricht von *„Dimensionen nationaler Kulturen"*[22] und unterscheidet die folgenden fünf Dimensionen, worin sich Kulturen unterscheiden:
1) *Machtdistanz:* Wie Gesellschaften mit Ungleichheit umgehen.
2) *Individualismus und Kollektivismus:* Die Rolle des Individuums gegenüber der Gruppe.
3) *Maskulinität und Femininität:* Klare emotionale Abgrenzung der Geschlechterrollen bzw. emotionale Überschneidung der Geschlechterrollen.
4) *Unsicherheitsvermeidung:* Toleranz des Uneindeutigen und Unvorhersehbaren.
5) *Langzeit- und Kurzzeitorientierung:* Das Hegen von Tugenden, die auf künftigen Erfolg hin ausgerichtet sind, bzw. von Tugenden, die mit der Vergangenheit und Gegenwart in Verbindung stehen.

Gerhard Maletzke unterscheidet die folgenden zehn *„Strukturmerkmale von Kulturen"*. Diese Strukturmerkmale sind „Komponenten, die untereinander funktional verbunden

---

[22] Hofstede, *Lokales Denken, globales Handeln*, S.28ff.

sind und ihren Stellenwert erst im Gesamtzusammenhang, in der Struktur des Ganzen finden":[23]

1) Nationalcharakter, Basispersönlichkeit
2) Wahrnehmung
3) Zeiterleben
4) Raumerleben
5) Denken
6) Sprache
7) Nichtverbale Kommunikation
8) Wertorientierungen
9) Verhaltensmuster: Sitten, Normen, Rollen
10) Soziale Gruppierungen und Beziehungen

Alexander Thomas prägte das Konzept sogenannter „*Kulturstandards*": „Kulturstandards sind Arten des Wahrnehmens, Denkens, Wertens und Handelns [...], die von der Mehrzahl der Mitglieder einer bestimmten Kultur für sich und andere als normal, typisch und verbindlich angesehen werden."[24] Anhand von Interviews (vorwiegend mit Fach- und Führungskräften), die über langjährige interkulturelle Erfahrungen verfügten, wurden zentrale Kulturstandards für verschiedene Länder identifiziert.[25] Dabei wird eine Vielzahl von Begriffen gebraucht wie „Sachorientierung", „Zeitplanung", „Leistungsorientierung", „List und Taktik", „Patriotismus", „Etikette", „Gelassenheit".

---

[23] Gerhard Maltzke, *Interkulturelle Kommunikation. Zur Interaktion zwischen Menschen verschiedener Kulturen.* (Opladen: Westdeutscher Verlag, 1996), S.42.

[24] Zitiert von Astrid Erll, Marion Gymnich, *Interkulturelle Kompetenzen. Erfolgreich kommunizieren zwischen den Kulturen.* (Stuttgart: Klett, 2010), S.170.

[25] A.a.O., S.50. Beispiele für Kulturstandards finden Sie im Internet indem Sie den Begriff „Kulturstandards" googeln, z. B. unter http://lehrerfortbildung-bw.de/bs/bsa/bgym/lehrgang/erklaerung/stand/ wurden deutsche, chinesische und indische Kulturstandards vorgestellt (Zugriff am 13.02.2012).

Welche dieser Begriffe in welchem Grad auf eine bestimmte Kultur zutreffen, ist recht unterschiedlich.

Marvin Mayers entwickelte ein *„Grundwert-Modell"*, das aus zwölf Elementen besteht, die jeweils gegensätzliche Charakterzüge beschreiben:[26]
1) Zeitorientierung – Erlebnisorientierung (unterschiedliches Zeitempfinden)
2) Analytisches Denken – synthetisches Denken (unterschiedliche Denkweisen)
3) Krisenorientierung – Gelassenheit (unterschiedliche Strategien der Krisenbewältigung)
4) Zielorientierung – Personenorientierung (unterschiedliche Zielvorstellungen)
5) Status – Leistung (Spannungsfeld Selbstbewusstsein).
6) Furcht vor Bloßstellung – Mut zur Bloßstellung (Spannungsfeld Empfindsamkeit)

Bei den Ansätzen von Hofstede und von Mayers geht es überwiegend um Werte, die von Kultur zu Kultur eine ganz unterschiedliche Rolle spielen können. Dabei stehen sich jeweils zwei Werte (z. B. A1: Individualismus, A2: Kollektivismus) gegenüber, die in ihrer absoluten Ausprägung (7) quasi zwei Extrempole bilden. Der Stellenwert, den beide Werte haben, ist von Kultur zu Kultur verschieden. Normalerweise kommen beide Werte zu einem gewissen Anteil in einer Kultur vor, wobei einer der beiden Werte dominiert. Daher stellt Mayers das Verhältnis des

---

[26] Das Grundwert-Modell wird sehr ausführlich beschrieben in Sherwood G. Lingenfelter, Marvin K. Mayers, *Kulturübergreifender Dienst. Ein Modell zum besseren Verstehen zwischenmenschlicher Beziehungen.* (Bad Liebenzell: Verlag der Liebenzeller Mission, 2001); im Folgenden zitiert als Lingenfelter / Mayers, *Kulturübergreifender Dienst.* Das Buch enthält auch einen Selbsttest, anhand dessen man sein eigenes Grundwert-Profil analysieren kann.

jeweiligen Anteils in einem Koordinatensystem (und nicht auf einer einfachen Skala) dar.

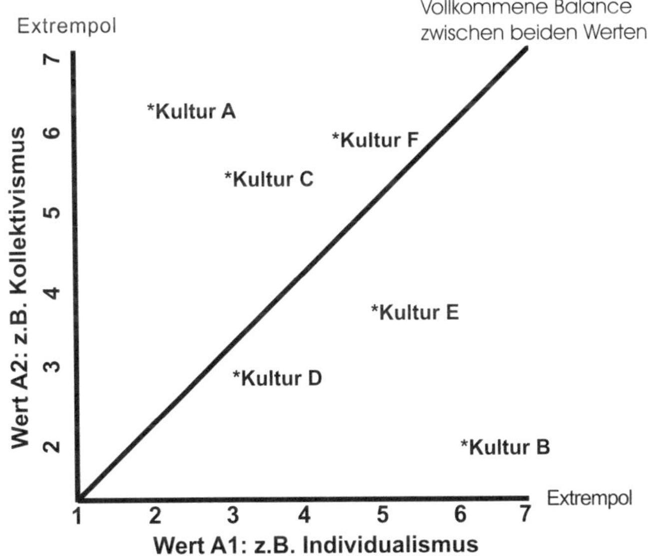

Dagmar Kumbier und Friedemann Schulz von Thun bringen in diesem Zusammenhang das sogenannte „Wertequadrat" ins Spiel. Sie weisen darauf hin, „dass jeder Wert zu einem Unwert verkommt, wenn er übertrieben und verabsolutiert wird."[27] Oftmals schließen sich Werte nicht gegenseitig aus, sondern sie ergänzen einander. Ohne den anderen Wert besteht die Gefahr der Vereinseitigung und Entgleisung: Reiner Kollektivismus, der die Würde des Individuums preisgibt, führt zu Totalitarismus; überbetonter Individualismus, der die Belange der Gemeinschaft vergisst, entartet zu einem verantwortungslosen Egozentrismus.[28]

---

[27] Dagmar Kumbier, Friedemann Schulz von Thun, *Interkulturelle Kommunikation: Methoden, Modelle, Beispiele.* (Reinbek: Rowohlt, 2006), S.15.

[28] A.a.O., S.15.

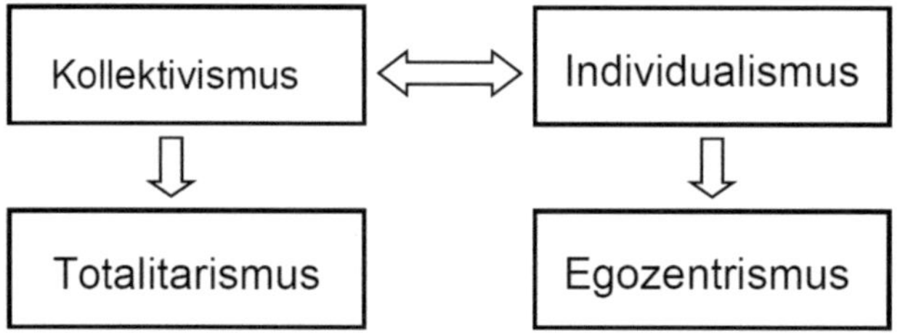

Treffen zwei Menschen aus unterschiedlichen Kulturen aufeinander, deren Werte einander entgegengesetzt sind, dann löst das zunächst einmal Befremden[29] aus. Je größer die Distanz zwischen den beiden Werten ist, desto stärker wird das Befremden sein. Irgendwann kann es geschehen, dass die beiden einander Vorwürfe machen:

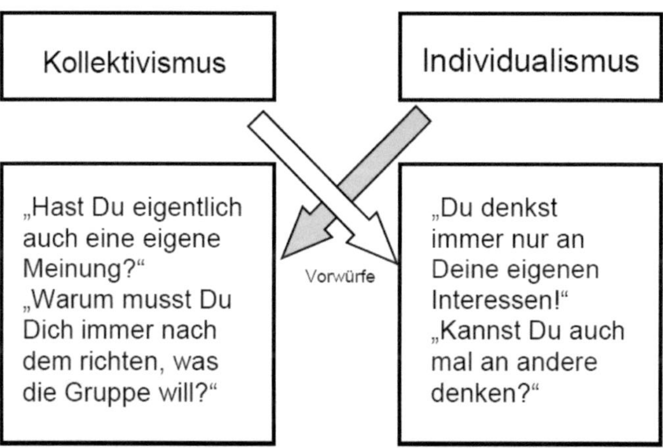

Interkulturelle Begegnungen können aber auch die Möglichkeit zur Erweiterung des eigenen Horizonts bieten. Dazu ist es nötig, das anfängliche Befremden zu überwinden und sich bewusst mit dem anderen Wert auseinander-zusetzen. So besteht die Chance, darin etwas Positives zu finden und die eigene Sichtweise zu ergänzen. Auf diese

---

[29] Ebd.

Weise kann auch eine möglicherweise schon entstandene Vereinseitigung von Werten korrigiert werden.

Wir wollen nun grundlegende Unterschiede zwischen Kulturen etwas genauer betrachten. Dabei geht es um folgende Fragestellungen, die insbesondere Werte betreffen:

- Wie gehen Menschen unterschiedlicher Kulturen mit der Zeit um?
- Wie wird mit Unterschieden zwischen Menschen umgegangen?
- Wie ist das Verhältnis zwischen Individuum und Gruppe in unterschiedlichen Kulturen?
- Wie sieht der Umgang mit Erfolg, Versagen und Fehlverhalten aus?
- Welche Rolle spielt das Erreichen von Zielen?
- Wie wird mit möglichen Krisen umgegangen?
- Worin unterscheiden sich Kulturen in ihrer Art zu denken?
- Wie wird mit Raum umgegangen?

Bei der Besprechung dieser Fragen werde ich auf manche der zu Beginn dieses Kapitels vorgestellten Ansätze zurückgreifen. Bei jedem Fragekomplex interessiert uns speziell auch der Einfluss auf die interkulturelle Kommunikation.

3.1. Der Umgang mit der Zeit

Der Umgang mit der Dimension Zeit ist von Kultur zu Kultur unterschiedlich. Manche Zeitkonzepte sind auf religiöse Wurzeln (innerer Kern des Zwiebelmodells) zurückzuführen. So hat das jüdisch-christliche Weltbild zu einem linearen Zeitkonzept geführt (die Geschichte läuft auf ein Ziel zu, d. h. auf das Kommen des Messias und die Vollendung des Zeitalters), während das hinduistische und das buddhistische

Weltbild (das Leben ist ein sich ständig wiederholender Kreislauf von Wiedergeburten) vor allem in Asien zu einem zyklischen Zeitkonzept geführt hat. Unterschiedlich ist auch, wie Menschen Zeit empfinden: Als limitiert vorhandenes und kostbares Gut („Zeit ist Geld"), das verloren gehen kann; oder als etwas, das zur Genüge vorhanden ist. Als günstige Momente, deren Chancen genutzt werden müssen, wenn sie nicht unwiederbringlich verloren gehen sollen; oder als immer wieder kommende Gelegenheiten, die ergriffen werden können („Neuer Tag, neues Glück!"). Manche Menschen leben eher in der Vergangenheit („Die gute alte Zeit!"), andere leben in der Gegenwart oder sind zukunftsorientiert. Die Bedeutung von Zeit kommt auch in der Sprache zum Ausdruck. In manchen Sprachen kann zum Ausdruck gebracht werden, ob etwas als einmaliges oder punktuelles Ereignis in der Vergangenheit stattgefunden hat, oder ob es ein anhaltender Prozess oder eine wiederkehrende Handlung war.

Für mich als Schwabe, der normalerweise im Alltag mit einer einzigen Vergangenheitsform (Perfekt: „hosch gmacht", „bisch gwea") auskommt, war es eine gewisse Herausforderung beim Erlernen der spanischen Sprache, dass dort vier Vergangenheitsformen aktiv gebraucht werden.

Über welche Zeitformen eine Sprache verfügt und wie diese explizit verwendet werden müssen kann variieren. Und das hat natürlich auch Auswirkungen auf die interkulturelle Kommunikation.

Das jeweilige Zeitkonzept bzw. Zeitempfinden bestimmt, wie eine Gruppe mit Zeit umgeht. In manchen Kulturen wird Zeit *monochron* verwendet. D. h., Zeit wird rigide eingeteilt und eingesetzt. Dies äußert sich z. B. in einer strikten Trennung von „Arbeitszeit" und „Freizeit"; es wird entweder gearbeitet oder die Freizeit genossen („Erst die Arbeit, dann das Vergnügen!"). Die Begeisterung, sich nach Dienstschluss nochmals geschäftlichen Dingen widmen zu müssen, hält sich bei Angehörigen monochroner Kulturen meist in Grenzen.

In anderen Kulturen wird die Zeit *polychron* verwendet, d. h. die Zeiteinteilung ist flexibler und nicht so stark strukturiert. Dabei können auch verschiedene Dinge wie Arbeit und private Angelegenheiten, miteinander verknüpft werden und parallel zueinander ablaufen. Arbeiten Menschen aus polychronen Kulturen in einem Land oder einem internationalen Unternehmen, das von einem monochronen Umgang mit der Zeit geprägt ist, dann kann ihr flexibler Umgang mit „dienstlichen" und „privaten" Angelegenheiten zu Schwierigkeiten mit dem Vorgesetzten führen.

Mayers unterscheidet hinsichtlich des Umgangs mit Zeit die beiden Werte *Zeitorientierung* und *Erlebnisorientierung*.[30] Die Angehörigen dieser beiden Grundorientierungen unterscheiden sich durch ihr jeweiliges Verständnis von "Pünktlichkeit" sowie der Zeitplanung und -einteilung. Darin spiegelt sich auch der oben erwähnte monochrone bzw. polychrone Umgang mit Zeit wider.

In *zeitorientierten* Kulturen wird Zeit sorgfältig geplant und ausgenutzt. Zeitmanagement wird großgeschrieben, die Nutzung eines Terminkalenders ist fast obligatorisch und der Einhaltung von Terminen wird größte Bedeutung beigemessen. Pünktlichkeit ist ein Ausdruck von Höflichkeit und man kommt lieber ein bis zwei Minuten zu früh als zu spät. Falls nötig, unterbricht man ein laufendes Gespräch, um noch rechtzeitig zu einem Termin zu kommen. Auch private Besuche bei Verwandten, Freunden und Bekannten werden in der Regel vorher vereinbart; spontane Überraschungsbesuche kommen eher selten vor – und nicht immer gut an. Veranstaltungen in zeitorientierten Kulturen beginnen und enden normalerweise pünktlich.

In *erlebnisorientierten* Kulturen steht das gegenwärtige Ereignis im Vordergrund; es ist mitunter wichtiger, den

---

[30] Lingenfelter / Mayers, *Kulturübergreifender Dienst*, S.33ff.

Augenblick zu genießen als sich von der Uhr oder dem Terminkalender unter Druck setzen zu lassen. Die Zeitplanung ist eher flexibel und spontan; Besuche müssen nicht unbedingt vorher geplant und vereinbart werden, auch spontane Besucher werden willkommen geheißen. Es gilt als ein Zeichen von Höflichkeit, laufende Gespräche zu Ende zu führen, auch wenn man deswegen zu spät zu einem Termin kommt. Veranstaltungen beginnen ebenfalls nicht pünktlich, sondern erst dann, wenn die wichtigsten Personen gekommen sind; sie enden auch nicht pünktlich, sondern erst dann, wenn das Programm zu Ende ist. Die Toleranzgrenze, bis zu der eine Verspätung entschuldigt wird, kann auch innerhalb von erlebnisorientierten Kulturen stark variieren. Laut Mayers[31] wird eine Verspätung in Lateinamerika bis zu 30 Minuten entschuldigt, in Yap bis zu zwei Stunden; in Lateinamerika wird der Gastgeber nach einer Stunde unruhig, in Yap erst nach drei Stunden; in Lateinamerika ist der Gastgeber nach zwei Stunden verärgert, in Yap erst nach vier Stunden.

Auch in erlebnisorientierten Kulturen gibt es ein Konzept von „Unpünktlichkeit", das sich aber vom zeitorientierten Konzept deutlich unterscheidet. In zeitorientierten Kulturen wird eine Verspätung von fünf Minuten noch wohlwollend in Kauf genommen, aber spätestens nach 30 bis 60 Minuten ist bereits schon die Toleranzgrenze überschritten.

Bei der Beschreibung der wichtigsten Eigenschaften zeit- und erlebnisorientierter Kulturen wurde sicher deutlich, dass in der Begegnung dieser beiden Werte ein erhebliches Konfliktpotenzial vorhanden ist. Ich habe versucht noch etwas anderes hervorzuheben, was aber angesichts der Unterschiede leicht unterzugehen droht: In beiden Fällen spielt höfliches Verhalten eine wichtige Rolle! Nur, was jeweils als höflich empfunden wird, basiert auf unterschiedlichen Prioritäten. Eine Konsequenz davon ist,

---

[31] A.a.O., S.34.

dass das Verhalten des anderen in der interkulturellen Begegnung falsch interpretiert werden kann.

➢ In zeitorientierten Kulturen hat die Person, mit der man verabredet ist, Priorität. Es wäre unhöflich, sie warten zu lassen. Ist man gerade im Gespräch mit jemandem, dann hat diese Person Verständnis dafür, dass man das laufende Gespräch ggf. abbrechen muss, um rechtzeitig zu einer Verabredung zu kommen.

➢ In erlebnisorientierten Kulturen hat die Person, mit der man gerade redet, Priorität. Es wäre unhöflich, das Gespräch vorzeitig abzubrechen. Kommt man zu spät zu einer Verabredung, dann hat die andere Person Verständnis dafür, weil man ja noch im Gespräch mit jemandem war.

Wie gesagt, in beiden Fällen spielt Höflichkeit eine wichtige Rolle! Doch welches Verhalten ist höflicher? Ich nehme an, dass Sie diese Frage gemäß Ihrer eigenen kulturellen Prägung beantwortet haben, oder? – Der entscheidende Faktor in der Praxis ist letztlich, in welchem kulturellen Umfeld man sich gerade bewegt. Zur interkulturellen Kompetenz gehört es ja, Verständnis für das Gegenüber aufzubringen, das sich aufgrund seiner kulturellen Prägung anders verhält als man selbst, aber auch die angemessene Anpassung des eigenen Verhaltens an ein anderes kulturelles Umfeld. Habe ich selbst z. B. eine zeitorientierte Prägung und halte mich in einem Land auf, in dem Erlebnisorientierung vorherrscht, dann bin ich einerseits herausgefordert, den nach *meinem* Empfinden „unzuverlässigen" und „unpünktlichen" Umgang der Einheimischen mit der Zeit verstehen zu lernen. Lässt man mich warten, dann bedeutet das nicht, dass man es bös mit mir meint, sondern dass noch etwas Unvorhergesehenes dazwischen gekommen ist. Mache ich mir das nicht bewusst, dann interpretiere ich das Verhalten (die Verspätung bzw. Wartezeit) falsch und empfange eine Botschaft, die gar nicht gesendet wurde. Außerdem sollte ich mir entsprechende Strategien aneignen, um nicht ständig aufgrund meines eigenen Zeitempfindens anzuecken und das Gefühl zu haben, „Zeit zu verlieren". Dazu gehört, bewusst mehr Zeit einzuplanen, als man dies im eigenen Land tun würde. Das bedeutet auch, bewusst auf Verzögerungen eingestellt zu sein – und z. B. zur Überbrückung von Wartezeiten eine Lektüre dabei zu haben. Freilich kann auch ein Gespräch mit Einheimischen helfen, Wartezeiten zu überbrücken. Auf diese Weise kann man gleichzeitig Beziehungen pflegen und ggf. seine Kenntnisse über die andere Kultur erweitern; diese Art von Zeitinvestition ist also keinesfalls „verlorene Zeit"! Dasselbe Prinzip des Verstehens und der Anpassung gilt auch für Menschen aus erlebnisorientierten Kulturen, die in ein Land kommen, in dem Zeitorientierung vorherrscht. In diesem Fall müssen sie bewusst lernen, dass der vorzeitige Abbruch eines Gespräch aufgrund eines Termins nicht bedeutet, dass ihrem Gesprächspartner nichts an der Beziehung zu ihnen liegen würde. Würden sie sein Verhalten als Interesselosigkeit ihnen gegenüber interpretieren, dann würde sie eine Botschaft empfangen, die dieser gar nicht gesendet hat. Gleichzeitig bedeutet es, sich Strategien anzueignen, um pünktlich zu Verabredungen zu kommen, z. B. könnte man seine Uhr vor stellen. Übrigens: Erlebnisorientierung muss nicht unbedingt bedeuten, dass Menschen mit diesem Hintergrund immer und überall „unpünktlich" sind. Bei Terminen auf Ämtern oder im Krankenhaus ist es sehr wohl angeraten, rechtzeitig zu erscheinen; in manchen Ländern wird z. B. nach Unterrichtsbeginn das Schultor abgeschlossen. Schüler, die zu spät kommen, werden nicht mehr hereingelassen und versäumen einen ganzen Unterrichtstag – mit ent-sprechenden Konsequenzen. Auf der anderen Seite gibt es auch Angehörige von zeitorientierten Kulturen, die immer „etwas Verspätung" haben. Abschließend ein Beispiel, wie es selbst unter Angehörigen zeitorientierter Kulturen zu befremdlichen Empfindungen kommen kann: Während wir in Peru lebten, hatten wir ein amerikanisches Ehepaar, das mit der gleichen Ethnie arbeitete wie wir, zu uns nach Hause zum Kaffeetrinken eingeladen. Wir hatten eine schöne Zeit miteinander, aber schon relativ früh (nach meinem Empfinden), nachdem wir Kaffee und Kuchen genossen hatten, meinte der Mann: „Wir wollen nicht mehr eurer Zeit in Anspruch nehmen" – und die beiden begannen, sich zu verabschieden. Ich war im Moment etwas irritiert, denn wir hatten ja den ganzen Nachmittag für diesen Besuch eingeplant und nicht das Empfinden, dass unsere Besucher unsere Zeit über Gebühr in Anspruch nehmen würden. – Erst später verstand ich, dass in den USA das Konzept „Zeit ist Geld" vorherrscht; jemandem Zeit zu rauben gilt als unhöflich. Das Ehepaar hatte es also nur gut mit uns gemeint!

Vertiefende Fragen:
- ✓ Wie gehen Sie selbst vorwiegend mit Ihrer Zeit um? – Monochron oder polychron? Sind Sie eher zeit- oder eher erlebnisorientiert?
- ✓ Hatten Sie selbst schon – befremdliche oder gar frustrierende – Begegnungen mit Menschen, die einen anderen Umgang mit der Zeit pflegen als Sie selbst? Wie sind diese Begegnungen abgelaufen? Inwiefern wäre es möglich, dass Sie selbst – aber auch Ihr Gesprächspartner – das Verhalten des jeweils anderen falsch gedeutet haben?

3.2. Der Umgang mit Unterschieden zwischen Menschen

Ein Kennzeichen des Lebens, das sich auch in allen Kulturen auf irgendeine Weise widerspiegelt, ist die Verschiedenartigkeit von Menschen. Unterschiede bezüglich des Geschlechts, Alters, Wohlstands, Status und der Macht (um nur ein paar Beispiele dieses sehr komplexen Themengebiets zu nennen) sind von Kultur zu Kultur verschieden stark ausgeprägt und werden auch auf unterschiedliche Weise gehandhabt.

Unterschiede zwischen Mann und Frau

Ein relativ großer Teilbereich dieses Themas ist der Unterschied zwischen Mann und Frau und die sich daraus ergebenden Geschlechterrollen.[32] Was als „normale" Rollen für Mann und Frau gilt, mit den damit verbundenen Verhaltensweisen, Möglichkeiten, Einschränkungen, Tätigkeiten, Aufgaben, Zuständigkeitsbereichen, Verpflichtungen und Privilegien etc., das ist von Kultur zu Kultur verschieden. Innerhalb des jeweiligen kulturellen Rahmens werden die mit der jeweiligen Rolle verknüpften Erwartungen in der Regel als „normal", eben als „Norm" angesehen, auch wenn Außenstehende dies völlig anders beurteilen würden. Die Mitglieder der anderen Kultur würden vermutlich ein ähnliches Urteil über die Kultur des Außenstehenden abgeben. Dass das Verhältnis zwischen den Geschlechtern von vielerlei Ungerechtigkeiten geprägt ist, ist leider eine bittere Realität und kommt auf vielerlei Weise zum Ausdruck, z. B. in unterschiedlicher Bezahlung für gleiche Arbeit und Leistung, in häuslicher Gewalt, aber auch in dem Wert, der

---

[32] Im Blick auf Geschlechterrollen sei an dieser Stelle auf Hofstede verwiesen, der „Maskulinität" und „Femininität" als eine der fünf Dimensionen nationaler Kulturen anführt. Hofstede widmet der Thematik ein sehr ausführliches Kapitel, das auch einen (sehr interessanten!) „Maskulinitätsindex" für 74 Länder und Regionen enthält. Laut Hofstede wird eine Gesellschaft als *maskulin* bezeichnet, „wenn die Rollen der Geschlechter emotional klar gegeneinander abgegrenzt sind: Männer haben bestimmt, hart und materiell orientiert zu sein, Frauen dagegen müssen bescheidener, sensibler sein und Wert auf Lebensqualität legen. Als feminin bezeichnet man eine Gesellschaft, wenn sich die Rollen der Geschlechter emotional überschneiden: sowohl Frauen als auch Männer sollen bescheiden und feinfühlig sein und Wert auf Lebensqualität legen." Hofstede, *Lokales Denken, globales Handeln*, S.156.

einer Frau beigemessen wird (in manchen Ländern kommt das in ganz dramatischer Weise zum Ausdruck, indem vorwiegend Mädchen abgetrieben werden). In vielen Ländern wurden Prozesse in Gang gesetzt, um gegen diese Ungerechtigkeiten vorzugehen. Dabei kann das Pendel gelegentlich auch in die andere Richtung schwingen; so hörte ich z. B. bei einer meiner Reisen nach Peru (wo Machismus immer wieder zu Gewalt gegen Ehefrauen führt, dies aber inzwischen unter Strafe gestellt ist, und staatliche Stellen eingerichtet wurden, wohin betroffene Frauen sich wenden können), dass immer mehr Ehemänner über Gewalt vonseiten ihrer Frauen klagen.

In vielen Kulturen haben Männer und Frauen ihre eigenen Bereiche, über die sie „herrschen". So kann es sein, dass der Mann zwar nach außen der Chef ist und dies ziemlich machistisch zum Ausdruck bringt, das Haus aber das Reich der Frau ist, wo er relativ wenig zu sagen hat und erst nach Hause kommen darf, wenn sie das will. Bei den Candoshi-Indianern in Peru (sowie bei vielen anderen Ethnien im Urwald) spielt ein Getränk namens „Masato" eine wichtige Rolle. Dieses wird von den Frauen hergestellt und verteilt; „Selbstbedienung" gibt es nicht. Bestehen Konflikte in der Ehe, dann kann die Frau den Masato als Machtmittel einsetzen: Sie kann ihren Mann bestrafen, indem sie ihm wenig zu trinken gibt und sie kann sogar das Ansehen ihres Mannes vor Besuchern herabsetzen, indem sie ihnen nichts oder nur wenig ausschenkt. – Sie „kommuniziert" auf diese Weise. Ihre Botschaft ist für die Mitglieder der Candoshi-Kultur sehr klar und deutlich verständlich!

Der jeweilige kulturelle Rahmen bestimmt auch die Art und Weise, wie die Kommunikation zwischen den Geschlechtern abläuft, wer mit wem spricht oder sprechen darf, und auf welche Weise dies „anständig" geschieht. Manchmal kommen Unterschiede zwischen den Geschlechtern auch in der Sprache zum Ausdruck, indem je nach Geschlecht des Sprechers und/oder des Angesprochenen unterschiedliche

Worte verwendet werden. Spricht in der Quechua-Sprache ein Mann einen anderen Mann mit „Bruder" an, dann verwendet er das Wort *„wauki"*, spricht aber eine Frau, dann verwendet sie das Wort *„turi"*. Würde ein Mann *„turi"* oder eine Frau *„wauki"* sagen, dann würde dies Verwirrung und/oder Gelächter auslösen –, weil in den Ohren der Hörer eine Disharmonie entsteht und es einfach unpassend ist. Je nach Kultur und Prägung kann der Gebrauch des Begriffs „Fräulein" statt „Frau" bei der Anrede ganz unterschiedliche Reaktionen, meist negativer Art, wecken. Auch wenn es heute in Deutschland üblich ist, erwachsene weibliche Personen, unabhängig von ihrem Familienstand, mit „Frau" und nicht mehr wie früher üblich mit „Fräulein" anzusprechen, so darf man doch nicht davon ausgehen, dass dies auch in anderen Ländern und Kulturen die richtige Anrede wäre.

Die kulturelle Prägung beeinflusst auch, wie Liebeserklärungen abgegeben werden, was als „Anmache" und ggf. sogar als Heiratsantrag verstanden wird. In Deutschland ist ein Blumenstrauß durchaus ein angemessenes Geschenk, wenn ein Mann einer Frau gegenüber seine Liebe zum Ausdruck bringen möchte. Eine Indianerin im Amazonasgebiet würde sich bei so einem Geschenk vermutlich fragen, was sie mit diesem „Gemüse" anfangen soll. – Auch Geschenke kommunizieren eine Botschaft! Ob und wie diese Botschaft verstanden wird, hängt aber von der jeweiligen kulturellen Prägung von Sender und Empfänger ab. In einigen Indianerkulturen ist es üblich, dass ein Mann seiner Frau *„suri"* mitbringt, wenn er ihr gegenüber seine Zuneigung zum Ausdruck bringen will. Suri sind die Larven des Rüsselkäfers. Ob eine deutsche Frau ebenso erfreut von so einem Geschenk wäre ...

Ich kenne eine Peruanerin, die in jungen Jahren als Assistentin einer Linguistin (Sprachwissenschaftlerin) gearbeitet hat, und diese auch bei ihren Aufenthalten in Indianerdörfern begleitete. Eines Tages, sie war gerade

alleine zu Hause, stand ein junger Mann aus dem Dorf vor der Tür; er war geschmückt und bot ihr ein Stück Fleisch an. Sie nahm dieses dankend an, der junge Mann verschwand wieder und sie ging ihrer Arbeit nach. Als die Linguistin nach Hause kam, das Stück Fleisch sah und von der Begebenheit hörte, wurde sie bleich. Umgehend nahm sie das Fleisch und ihre junge Mitarbeiterin und begab sich zum Haus der Familie des jungen Mannes. Es fand eine Diskussion in der Stammessprache statt, von der die Peruanerin nichts verstand; dabei wurde auch das Stück Fleisch zurück-gegeben. Danach entspannten sich alle Beteiligten. Auf dem Nachhauseweg erfuhr sie dann, dass sie durch die Annahme des Stücks Fleisch in die Heirat mit dem jungen Indianer eingewilligt hatte, und dieser in der Nacht gekommen wäre, um sie zu holen; bei der Diskussion vor dem Haus der Familie des jungen Mannes wäre ihre „Ehe" aber wieder geschieden worden. Sie hatte sich am selben Tag „verheiratet" und „geschieden", ohne auch nur die geringste Ahnung davon zu haben! Dieses Beispiel ist etwas krass, es veranschaulicht aber sehr gut, wie es gerade auch in der interkulturellen Begegnung zwischen Menschen unter-schiedlichen Geschlechts zu Missverständnissen kommen kann. Dabei kann es sein, dass Botschaften verloren gehen, also gar nie beim Empfänger ankommen (z. B. die mit dem Geschenk des Fleischstücks verbundene Botschaft „Willst du mich heiraten?" kam nie bei der Peruanerin an); oder aber, dass imaginierte Botschaften empfangen werden, die so nie vom Sender beabsichtigt waren (z. B. durch die Annahme des Geschenks kam bei dem jungen Indianer die imaginierte Botschaft an: „Ja, ich will dich heiraten!").
„Gegensätze ziehen sich an" – das gilt auch für die interkulturelle Begegnung zwischen den Geschlechtern. Interkulturelle Freundschaften und Ehen können sehr reizvoll und bereichernd sein; sie sind aber auch recht heraus-fordernd, gerade auch im Bereich der Kommunikation

zwischen den beiden Partnern.[33] Man sollte sich daher schon vor Beginn der Beziehung bewusst machen, dass gesendete Botschaften womöglich gar nicht ankommen, oder vom anderen sogar völlig missverstanden werden können. Dies kann auf unbeabsichtigte Weise Gefühle der Ablehnung bei einem oder sogar bei beiden Partnern auslösen, obwohl sie einander sehr lieben und nur die besten Absichten haben. Ein weiterer Faktor ist, dass eine Ehe in vielen Kulturen (insbesondere den kollektivistisch[34] geprägten) nicht nur als eine Verbindung zwischen zwei Individuen, sondern als Verbindung zwischen zwei Familien angesehen wird. Heiratet man einen Partner aus einer Kultur, in der das der Fall ist, dann „heiratet" man in gewisser Weise auch dessen Familie mit. Das kann einerseits eine Bereicherung sein, weil man dadurch in ein größeres Beziehungsnetz eingebunden ist, das auch eine gewisse Sicherheit, Stabilität und Hilfe bieten kann. Gleichzeitig hat man aber als Glied der neuen Gemeinschaft, der man nun angehört, auch gewisse Verpflichtungen und es werden oft unausgesprochene Erwartungen an einen gestellt.

Unterschiede zwischen verschiedenen Gruppen der Gesellschaft

Dieser Teilaspekt des Themas betrifft den sozialen Aufbau einer Gesellschaft sowie die Interaktion zwischen den verschiedenen Gruppen dieser Gesellschaft. Eine wichtige Rolle spielt dabei die Regierungsform eines Landes (Demokratie, Monarchie, Föderalismus, Zentralismus etc.), die zu entsprechenden Institutionen führt, die aber auch

---

[33] Natalie Martinez Hernandez beschreibt in ihrem Artikel *„Sorry, Schatz, aber ich verstehe nur Spanisch!"* sehr gut die Herausforderungen einer bikulturellen Ehe sowie mögliche Verständnishilfen und Lösungswege. Ihr Artikel ist erschienen in Dagmar Kumbier, Friedemann Schulz von Thun (Hg.), *Interkulturelle Kommunikation: Methoden, Modelle, Beispiele.* (Reinbek: Rowohlt, 2006), S.131ff.

[34] Siehe: "3.3. Das Verhältnis zwischen Individuum und Gruppe", S.73ff.

darüber entscheidet, ob und wie Kritik gegenüber der Regierung ausgedrückt werden kann. Dazu gehört auch die Einteilung der Bevölkerung in soziale Schichten („Klassen"), darunter auch religiös begründete Schichten, wie z. B. das Kastensystem in Indien, das auf der hinduistischen Weltsicht basiert. An diesem Beispiel wird deutlich, wie stark sich der Aufbau einer Gesellschaft auf fundamentale Annahmen und Grundwerte, dem inneren Kern des Zwiebelmodells, gründet. Die Zeit des Nationalsozialismus in Deutschland sowie das ehemalige Apartheidsystem in Südafrika sind ebenfalls Beispiele wie eine Ideologie – in diesen Fällen die Bewertung der Menschen aufgrund ihrer Rassenzugehörigkeit – die Stellung der Mitglieder einer Gesellschaft bestimmen kann. Dass fundamentale Annahmen und Grundwerte nicht so leicht geändert werden können – auch nicht durch eine Revolution – wird in der Geschichte Frankreichs deutlich. „Freiheit, Gleichheit, Brüderlichkeit" war die Parole der Französischen Revolution und ist es bis heute in der heutigen Französischen Republik. Dennoch spielen auch im heutigen Frankreich Macht und Autorität eine große Rolle, was u.a. im Verhältnis zwischen Mitarbeitern und Vorgesetzten zum Ausdruck kommt.

Hofstede nennt *„Machtdistanz"* eine der fünf Dimensionen nationaler Kulturen. Er definiert *Machtdistanz* als „das Ausmaß, bis zu welchem die weniger mächtigen Mitglieder von Institutionen bzw. Organisationen eines Landes erwarten und akzeptieren, dass Macht ungleich verteilt ist."[35] Gemäß Machtdistanzindex, der auf umfangreichen Forschungen

---

[35] Hofstede, *Lokales Denken, globales Handeln*, S.57f.
Das fünfte, von Watzlawick formulierte Axiom besagt „Kommunikation ist symmetrisch oder komplementär". Symmetrisch bedeutet, dass die beiden Gesprächspartner gleichrangig sind, oder zumindest versuchen, die Rangunterschiede zu verringern. Komplementär bedeutet, dass Rangunterschiede zwischen den Gesprächspartnern bestehen. Die Folge davon ist, dass der „Ranghöhere" (meist) mehr redet, als der „Rangniedrigere".

Hofstedes basiert, gehört beispielsweise Frankreich mit 68 Punkten zu den Ländern mit größerer Machtdistanz, während Deutschland mit 35 Punkten zu den Ländern mit geringerer Machtdistanz gehört.[36]
Die unterschiedliche Akzeptanz und der unterschiedliche Umgang mit Machtunterschieden haben natürlich auch Auswirkungen auf die Kommunikation. Das macht sich insbesondere da bemerkbar, wo Menschen, die verschiedenen Hierarchieebenen oder sozialen Schichten angehören, aufeinandertreffen und miteinander kommunizieren. Von der jeweiligen Kombination der kulturell geprägten Faktoren wird abhängen, wer das Gespräch auf welche Weise beginnt, wie sich die Gesprächspartner jeweils anreden, wer das Gespräch führt, ob und wann der andere antworten darf, ob und auf welche Weise Widerspruch zum Ausdruck gebracht werden darf, ob die Person niedrigeren Ranges Vorschläge machen darf usw.
Begegnen sich zwei Gesprächspartner, die derselben Kultur angehören, dann sind in der Regel die Verhältnisse geklärt und beide wissen, wie sie auf angemessene Weise miteinander umgehen müssen. Treffen aber Gesprächspartner unterschiedlicher kultureller Prägungen aufeinander, so kann es leicht zu Komplikationen kommen, insbesondere, wenn der eine einer Kultur mit sehr niedriger und der andere einer Kultur mit sehr großer Machtdistanz angehört. In diesem Fall ist es gut möglich, dass sie das Verhalten des jeweils anderen als befremdlich, oder sogar als arrogant, unverschämt und in höchstem Maße unhöflich empfinden. Insbesondere wenn die Machtdistanz aufgrund der eigenen kulturellen Prägung geringer ist, wie z. B. bei einem Deutschen, besteht die große Gefahr, sich im Ton zu vergreifen. Will man sich aber länger in einem Land aufhalten, in dem die Machtdistanz stärker ausgeprägt ist, oder dort sogar langfristig Geschäfte machen, dann wird es

---

[36] A.a.O., S.55.

sich nicht umgehen lassen, sich an die dort herrschenden Realitäten zu gewöhnen und auf angemessene Weise damit umzugehen – auch wenn es persönliche Überwindung kostet.

Die Art und Weise wie Kulturen mit Unterschieden umgehen ist von Bedeutung und kann in vielen interkulturellen Situationen zum Tragen kommen: in der Beziehung zwischen Vorgesetztem und Mitarbeiter, in der Zusammenarbeit interkultureller Teams in Unternehmen oder Organisationen, beim internationalen Schüler- oder Studentenaustausch in der Beziehung zwischen Schüler/ Student und Lehrer/Professor, beim Besuch von Ämtern oder Botschaften eines anderen Landes, wo man es mit „Amts-„ und „Autoritätspersonen" zu tun hat, etc.

Unterschiede beim Erwerb von Prestige

Die Mitglieder einer Gesellschaft unterscheiden sich auch hinsichtlich des Ansehens bzw. des Prestiges, das ihnen beigemessen wird. Eng damit verknüpft sind das Selbstbewusstsein und der Selbstwert, den jemand sich selbst beimisst, aber auch der Wert, der anderen Menschen beigemessen wird. Der Weg, wie Prestige erworben wird, ist von Kultur zu Kultur verschieden. Mayers[37] nennt in diesem Zusammenhang die beiden Schwerpunkte „Status" und „Leistung" als unterschiedliche Wege zum selben Ziel.

In Kulturen, in denen der Schwerpunkt auf dem *Status* liegt, wird das Prestige ererbt, d. h., es hängt von der gesellschaftlichen Stellung der Familie ab, in die man hineingeboren wird. Damit verbunden ist die Erwartung, dass die jeweilige Person ihre Rolle standesgemäß erfüllt, was ggf. gewisse Opfer bzw. Einschränkungen impliziert. Die standesgemäße Erfüllung der Rolle kann dazu beitragen, im Rang weiter aufzusteigen. Normalerweise verkehrt man vorwiegend oder ausschließlich mit Menschen gleichen

---

[37] Lingenfelter / Mayers, *Kulturübergreifender Dienst*, S.83ff.

Standes, auch eine standesgemäße Hochzeit gilt als selbstverständlich. Verhält sich eine Person, die eine hohe gesellschaftliche Stellung hat, in negativer Weise, wird ihr trotzdem weiterhin Respekt entgegengebracht.

In Kulturen, die den Schwerpunkt auf die *Leistung* legen, wird einem Individuum Prestige nicht automatisch aufgrund der gesellschaftlichen Stellung der Herkunftsfamilie zugesprochen, sondern es muss erworben werden. Der Wert einer Person wird in solchen Kulturen nach der persönlichen Leistung bemessen; eine sehr wichtige Rolle spielt dabei die Frage, was jemand erreicht hat. Man ist ebenfalls bereit, gewisse Opfer und Einschränkungen auf sich zu nehmen, um noch mehr Erfolg zu haben und dadurch weiteres Ansehen zu erwerben. Auch in diesen Fällen gilt das Sprichwort „Gleich und Gleich gesellt sich gern", d. h. man verkehrt oft mit Menschen, die Ähnliches erreicht haben; dabei spielt aber deren Herkunft oder Status keine entscheidende Rolle. Genauso, wie man in leistungsorientierten Kulturen auf der Erfolgsleiter sehr weit aufsteigen kann, kann man durch Misserfolge und Fehlschläge wieder absteigen und das gewonnene Ansehen wieder verlieren. Persönliches Fehlverhalten führt dabei auch zum Verlust des Respekts, der einem entgegengebracht wird.

Ist eine Gesellschaft vorwiegend leistungsorientiert, dann haben Einzelne, die begabt und leistungsfähig sind, die Möglichkeit, eine steile Karriere zu machen und gesellschaftlich sehr weit aufzusteigen. Der amerikanische Traum „vom Tellerwäscher zum Millionär" ist in diesen Gesellschaften realisierbar. Ist eine Gesellschaft aber sehr stark statusorientiert, dann mag es zwar auch sein, dass es jemand durch Begabung und harte Arbeit etwas erreicht, das bedeutet aber nicht unbedingt, dass er in den gesellschaftlich höher stehenden Kreisen auch als gleichrangig akzeptiert wird, weil seine Herkunft nach wie vor eine entscheidende Rolle spielt.

Ebenso wie Zeit- und Erlebnisorientierung stehen auch Status- und Leistungsorientierung für zwei Extrempole einer Werte-Orientierung. In jeder Gesellschaft spielen beide Aspekte eine gewisse Rolle, und es gibt eine Grundtendenz, die überwiegt. Für die interkulturelle Begegnung ist es daher wichtig, sich selbst zu kennen, d. h. zu wissen, nach welchen Maßstäben man sich selbst und andere beurteilt. Darüber hinaus ist es notwendig herauszufinden, welche Wertvorstellungen in der anderen Kultur gelten, um sich entsprechend darauf einstellen zu können. Auch in diesem Fall muss man sich dessen bewusst sein, dass nicht nur das, was wir sagen, eine Botschaft sendet, sondern auch die Art und Weise, wie wir uns verhalten. Sich auf eine andere Kultur einzustellen ist eine herausfordernde Aufgabe. In manchen Ländern oder Kulturen genießt man bereits aufgrund seiner Hautfarbe als „Weißer" oder seiner Herkunft aus einer „wohlhabenden Industrienation" automatisch einen gewissen Status. Man wird dann evtl. einer gesellschaftlichen Schicht zugeordnet, der man in seinem Heimatland womöglich gar nicht angehört. Das kann zu verschiedenen Diskrepanzen führen und eine Art Identitätskrise auslösen, weil man sich unter Umständen dieser gesellschaftlichen Schicht weder zugehörig noch darin wohl fühlt. Die Diskrepanz kann auch auf der wirtschaftlichen Ebene auftreten, indem man einer Schicht zugeordnet wird, die in dem betreffenden Land wirklich über *viel* Geld verfügt, man aber trotz seiner Herkunft aus einem „reichen Land" im Vergleich dazu ein „armer Schlucker" ist. Wenn einem als Ausländer in einer anderen Kultur ein gewisser Status zuerkannt wird, dann bedeutet das auch, dass man von den Einheimischen oft auf besonders respektvolle Weise behandelt und geehrt wird. Jemand, der das nicht gewohnt ist, wird das möglicherweise als „peinlich" empfinden. Ich erinnere mich noch sehr gut an den ersten Bibelkurs, den ich bei den Quechua-Indianern am Pastazafluss durchführte. Als es Mittagessen gab, reihte ich mich ganz selbstverständlich, wie die Teilnehmer des Kurses, in die Warteschlange ein. Man winkte mich vor und servierte mir aus einem Topf, in dem man extra für mich gekocht hatte. Mir war das echt peinlich, ich akzeptierte es aber zunächst einfach mal. Später wurde mir dann bewusst, dass dies die Art der Quechua war, mir gegenüber ihre Wertschätzung auszudrücken. Es fiel mir dann auch leichter, diese „Sonderbehandlung" anzunehmen. Eine Weigerung meinerseits hätte die Menschen vermutlich verletzt, weil ich Ihnen dadurch verwehrt hätte, mich auf eine respektvolle Weise zu behandeln. Gerade als Lehrer oder Dozent genießt man in manchen Kulturen ein hohes Ansehen und damit auch entsprechenden Respekt. Für Studenten aus solchen Kulturen kann es ein echtes Dilemma sein, wenn an ihrer Ausbildungsstätte ein Gastdozent unterrichtet, der seine Studenten bittet, ihn nur mit Vornamen und ohne Titel anzusprechen. Einerseits möchten sie den Wunsch dieses Dozenten „respektieren", andererseits sind sie aber gleichzeitig gezwungen, ihn − gemäß ihrem eigenen kulturellen Empfinden − „respektlos" zu behandeln![38]

Wirtschaftliche Unterschiede

Ich habe wirtschaftliche Unterschiede bereits kurz erwähnt. In manchen Kulturen wird Besitz offen zur Schau gestellt, weil damit Prestige verbunden ist, ganz nach dem Motto: „Haste was, dann biste was." In anderen Kulturen gilt das Prinzip der Bescheidenheit, man hängt Wohlstand und Besitz nicht an die große Glocke und stellt ihn auch nicht offen zur Schau. Das Thema „Geld" kann sogar ein Tabuthema sein gemäß dem Sprichwort „Über Geld spricht man nicht, Geld hat man." Es wird deutlich, auch der jeweilige Umgang mit Besitz spricht eine eigene Sprache. In

---

[38] Craig Ott, "Interkulturelles Mentoring". in: Müller, Klaus W.; Schirrmacher, Thomas (Hg.). *Ausbildung als missionarischer Auftrag: Referate der afem-Jahrestagung 1999*. Edition afem − mission reports 7. (Bonn: Verlag für Kultur und Wissenschaft, 2000), S.72.

Kulturen, die eher auf Bescheidenheit Wert legen, kann der offene Hinweis auf eigene Besitztümer schnell als „Angeberei" empfunden werden und damit das Gegenteil von dem bewirken, was eigentlich beabsichtigt wurde.

Vertiefende Fragen:
- ✓ Was denken und empfinden Sie persönlich angesichts der bestehenden Unterschiede zwischen Menschen? Sind Unterschiede für Sie eher eine Realität, die man einfach hinnehmen und akzeptieren muss, oder eher etwas, das man beseitigen sollte?
- ✓ Auf welche Weise beurteilen Sie sich selbst und andere? Was verleiht Ihnen persönlich Wertgefühl? Wonach schätzen Sie den Wert anderer Menschen ein? Zählen für Sie eher Herkunft und Status oder eher Leistungen und Errungenschaften?
- ✓ Welches Konfliktpotenzial könnte sich aus Ihrer persönlichen Werte-Orientierung im Zusammentreffen mit Menschen aus Kulturen, die eine entgegengesetzte Werte-Orientierung haben, ergeben? Was wären mögliche „Fettnäpfchen"?

3.3. Das Verhältnis zwischen Individuum und Gruppe

Kulturen unterscheiden sich auch in der Art und Weise, wie sich das Verhältnis zwischen Individuum und Gruppe gestaltet – mit entsprechenden Auswirkungen auf den Kommunikationsstil. Dieser Aspekt wird durch die Werte-Orientierungen *„Individualismus"* und *„Kollektivismus"* beschrieben (zu Beginn dieses Kapitels wurden diese beiden Dimensionen im Zusammenhang mit dem Wertequadrat kurz erwähnt).
In *individualistisch* geprägten Kulturen versteht sich der Einzelne als eigenständige Persönlichkeit mit eigener Identität und Handlungsfreiheit. Bereits in der Erziehung

spielt es eine große Rolle, dass der Mensch später einmal „auf eigenen Füßen" stehen und für sich selbst sorgen kann. Kinder werden angehalten, eine eigene Meinung zu entwickeln und diese auch mitzuteilen. Sie sollen lernen, eigene Entscheidungen zu treffen. Ebenso werden sie dazu ermutigt, ihre eigenen Wünsche zum Ausdruck zu bringen. Bindungen an andere Menschen sind in individualistisch geprägten Kulturen eher locker. Freundschaften werden freiwillig geschlossen, müssen gepflegt werden und dauern nicht unbedingt „ewig".

In *kollektivistisch* geprägten Kulturen wachsen die Kinder (normalerweise) in einer Großfamilie auf (in individualistisch geprägten Kulturen überwiegend in Kleinfamilien). Dadurch lernt der Einzelne schon früh, sich als Teil einer Gruppe zu verstehen. Seine eigene Gruppe, das „Wir", verleiht ihm Identität. Trifft er mit einem Menschen zusammen, der zu einer anderen Gruppe gehört, dann hat er es nicht in erster Linie mit einem anderen unabhängigen „Individuum" zu tun, sondern mit dem Angehörigen einer anderen Gruppe („Sie", „die anderen"). Man könnte es vielleicht so ausdrücken: Beim Individualismus trifft ein „Ich" auf ein „Du", beim Kollektivismus trifft das „Wir" auf das „Sie". Die Gruppe bietet lebenslang Schutz, Hilfe und Versorgung; von den einzelnen Mitgliedern wird allerdings Loyalität, Unterordnung der eigenen Wünsche und Bedürfnisse unter die der Gruppe, sowie Respekt gegenüber den anderen Mitgliedern erwartet. Wenn sich ein Gruppenmitglied negativ verhält, dann fällt dieses schlechte Verhalten nicht auf die betreffende Person allein zurück, sondern auf die gesamte Gruppe, zu der sie gehört („Sippenhaft"). Von den Mitgliedern wird erwartet, dass sie keine Schande über die Gruppe (Familie) bringen. In kollektivistischen Kulturen bestehen also starke Bindungen zwischen den Mitgliedern der Gruppe mit den entsprechenden Verpflichtungen.

Diese beiden grundlegenden Prägungen, *Individualimus* und *Kollektivismus*, haben entsprechende Auswirkungen auf den

Kommunikationsstil. Für Menschen, die *individualistisch* geprägt sind, ist es ganz normal, eine eigene Meinung zu haben und für sich selbst zu sprechen – das wird normalerweise von ihnen erwartet. Menschen, die *kollektivistisch* geprägt sind, tun sich damit schwer, für sie ist der Gruppenkonsens entscheidend. Taucht ein völlig neuartiges Thema auf, dann wird dieses innerhalb der Gruppe geklärt und ein Konsens gefunden; bei der Meinungsbildung fällt natürlich die Stellung der einzelnen Mitglieder innerhalb der Gruppe ins Gewicht. Inwieweit jemand innerhalb der Gruppe die Initiative ergreift, hängt ebenfalls von dessen Stellung bzw. Rolle darin ab. In manchen Kulturen vermeiden es die Mitglieder mit aller Kraft, sich von der Gruppe abzuheben, u.a. auch, weil das zu entsprechenden Konsequenzen führen würde. Ein chinesisches Sprichwort bringt dieses Prinzip gut zum Ausdruck: *„Der Nagel, der herausragt, wird in das Brett gehämmert."* Versuche, sich von der Gruppe abzuheben, werden so lange sanktioniert, bis das Mitglied den ihm angestammten Platz wieder einnimmt. In individualistisch geprägten Kulturen wird es dagegen als positiv und erwünscht angesehen, wenn jemand von sich aus die Initiative ergreift. Arbeitet man in interkulturellen Teams zusammen, dann werden sich kollektivistisch geprägte Teammitglieder ihrer Stellung in der Gruppe entsprechend verhalten. Individualistisch geprägte Teammitglieder können dieses Verhalten schnell als „mangelnde Initiative", „Ideenlosigkeit" oder „das Fehlen einer eigenen Meinung" interpretieren und verurteilen. Im Gegenzug können die kollektivistisch geprägten Teammitglieder die starke Beteiligung und Eigeninitiative der individualistisch geprägten als unangemessen, als Versuche, sich von der Gruppe abzuheben oder gar als respektloses Verhalten empfinden. Individualistisches Denken basiert auf Werten, die für Menschen, die kollektivistisch geprägt sind, nicht ohne Weiteres nachvollziehbar sind. Dazu gehört u.a. das Streben nach Selbstverwirklichung („*Verwirkliche dich selbst, lebe deinen Traum!*"), insbesondere wenn dies in völliger Unabhängigkeit und ohne die Berücksichtigung der Meinung und Interessen der Gruppe, der man angehört, geschieht. Die Aussage in Udo Lindenbergs Lied „*Ich mach mein Ding, egal was die anderen sagen ...*" wäre für Menschen, die stark kollektivistisch geprägt sind, undenkbar.

In individualistischen Kulturen kann man nicht automatisch davon ausgehen, dass man zu einer bestimmten Gruppe dazugehört. Solange man nicht ausdrücklich eingeladen wurde, ist die Anwesenheit bei einem Meeting oder einer Party nicht unbedingt erwünscht. D. h., man erwartet normalerweise eine explizite Einladung oder ein sonstiges Signal, dass man teilnehmen darf bzw. soll. Je nach Art von Event, sofern es keine „öffentliche Veranstaltung" ist, die natürlich für alle offen ist, kann oder muss man auch ausdrücklich um Erlaubnis fragen, ob man teilnehmen darf. Erscheint man uneingeladen, dann besteht ohne Weiteres die Möglichkeit, weggeschickt zu werden. Möglicherweise wird man zwar „geduldet", spürt aber, dass man nicht unbedingt erwünscht ist.

In kollektivistisch geprägten Kulturen kann der Einzelne davon ausgehen, dass er dazugehört, auch wenn das nicht explizit ausgesprochen wurde, und z. B. durch eine Einladung zum Ausdruck gebracht wurde. Dass er einer bestimmten Familie oder deren Freundeskreis, Schule, Firma oder Organisation etc. angehört, ist in vielen Fällen ausreichend, um an einem Event teilzunehmen, ohne extra um Erlaubnis fragen zu müssen. So wird z. B. auch ein Ausländer, der zeitweise in einer Familie zu Gast ist, als zugehörig betrachtet und zu Gemeinschafts-Events mitgenommen.

In kollektivistischen Kulturen sind Menschen sehr selten wirklich alleine. Oft verbringen sie auch nur sehr wenig Zeit exklusiv für sich alleine, sie wollen normalerweise gar nicht alleine sein oder „in Ruhe gelassen" werden. Daher werden sie sich in einem individualistisch geprägten Umfeld oft alleine fühlen. Ganz anders geht es Menschen, die individualistisch geprägt sind und in ein kollektivistisch geprägtes Umfeld kommen: Es wird ihnen manchmal „zu viel" und sie sehnen sich danach, „einfach mal ihre Ruhe" und „Zeit für sich selbst" zu haben. Besteht in den beiden gerade geschilderten Fällen Familienanschluss, dann meinen es die jeweiligen Gastgeber „nur gut" mit ihrem Gast. Sie handeln dabei gemäß ihrer eigenen kulturellen Prägung. Im ersten Fall fühlt sich ihr Gast womöglich im Stich gelassen oder gar unerwünscht (er empfängt eine Botschaft, die gar nicht gesendet wurde); im zweiten Fall fühlt sich der Gast womöglich „überfordert" und er leidet an einer „Reizüberflutung". Zieht er sich zurück, weil er mal „seine Ruhe braucht", dann können sich seine Gastgeber u.U. verletzt fühlen.

In individualistisch geprägten Kulturen kann es vorkommen, dass zwei Personen im Beisein von anderen Pläne schmieden, ohne diese mit einzubeziehen. Da sitzt z. B. eine Gruppe von Arbeitskollegen zusammen beim Mittagessen in der Kantine. Zwei der Kollegen, die enger miteinander befreundet sind, planen dabei eine Freizeitaktivität, zu der ihre dabeisitzenden und zuhörenden Kollegen nicht eingeladen sind. In einer kollektivistisch geprägten Kultur würde dies von den dabeisitzenden Kollegen, die nicht mit einbezogen sind, als unhöflich empfunden werden. Ebenso taktlos wäre es, sich für die Planung zu einem „Vieraugen-Gespräch" von den anderen Kollegen weg und an einen leeren Nachbartisch zu setzen. Wenn in kollektivistisch geprägten Kulturen derartige Gespräche geführt werden, dann versucht man Zeitpunkt und Ort auf eine Weise zu wählen, dass andere sich nicht offen sichtlich ausgeschlossen fühlen.

Vertiefende Fragen:
- ✓ Sind Sie eher individualistisch oder eher kollektivistisch geprägt?
- ✓ Erinnern Sie sich an Begegnungen mit Menschen, deren Prägung sich bezüglich dieser Werte-Dimension von der Ihrigen unterschieden hat? Gab es etwas, das Ihnen „fremd", „seltsam" oder sogar „völlig unverständlich" vorkam?

3.4. Der Umgang mit Erfolg, Versagen und Fehlverhalten

Erfolg zu haben oder aber mit Versagen und Fehlverhalten umgehen zu müssen ist mit intensiven Gefühlen verbunden. Insbesondere bei Fehlverhalten – sei es eigenem oder dem von anderen Menschen – treten Emotionen auf, die sich als Scham- oder Schuldgefühle äußern können.

Mayers[39] unterscheidet in diesem Zusammenhang die beiden einander entgegengesetzten Werte-Orientierungen *„Furcht vor Bloßstellung"* und *„Mut zur Bloßstellung"*.

In Kulturen, die von der *Furcht vor Bloßstellung* geprägt sind, versucht man auf jeden Fall „das Gesicht zu wahren", d. h. Bloßstellungen zu vermeiden. Da an einer Situation, in der jemand bloßgestellt werden kann, immer mindestens zwei Personen beteiligt sind, gilt das Prinzip der Vermeidung von Bloßstellung für alle beteiligten Personen. Man wird sehr darauf bedacht sein, sich selbst zu kontrollieren und Fehler zu vermeiden, um sich selbst „nicht die Blöße zu geben". Eigenes Fehlverhalten und Schuld werden nach Möglichkeit abgestritten. Der erwähnte Begriff „das Gesicht wahren" stammt ursprünglich aus China; dort kennt man auch den

---

[39] Lingenfelter / Mayers, *Kulturübergreifender Dienst*, S.92ff.

Begriff „jemandem Gesicht geben“.[40] Das bedeutet letztlich, darauf zu achten, jemanden nicht in eine unangenehme Situation zu bringen, weil dieser dadurch bloßgestellt wird. Man vermeidet also nicht nur die Bloßstellung der eigenen Person, sondern auch die des anderen. Auf diese Weise bemüht man sich, ein harmonisches Miteinander zu wahren und die Ehre und Würde des anderen zu schützen.

Werden Fehlverhalten oder Schwächen aufgedeckt und offen angesprochen oder gar kritisiert, wird diese Harmonie gestört. Dasselbe geschieht, wenn jemand sein eigenes Können, Fähigkeiten und Erfolg zu sehr heraushebt und dadurch die anderen, die im Vergleich dazu nur mittelmäßig oder sogar schlecht abschneiden, bloßstellt. Sherwood Lingenfelter berichtet von Sportwettkämpfen in Yap[41], bei denen der Sieger sich bemühte, die anderen Läufer nicht zu weit hinter sich zu lassen. Denn bei einem zu großen Abstand würden seine Kameraden vorzeitig aufgeben und die Bahn verlassen. Die Zuschauer würden ihn dann als Angeber verspotten, der seine Kameraden beschämt.[42]

Ein wichtiger Teilaspekt dieser Werte-Dimension ist die Prägung und Reaktion des Gewissens. (In der Psychologie spricht man vom „Über-Ich“). Das Gewissen eines Menschen wird bereits in früher Kindheit während der Sozialisation (Enkulturation) geprägt. Dabei spielt es auch eine Rolle, ob die Sozialisation im Rahmen einer Großfamilie und/oder dörflichen Umgebung, oder im Rahmen einer Kleinfamilie und/oder städtischen Umgebung stattfindet.

Wächst ein Kind in einer Großfamilie und/oder dörflichen Umgebung auf, hat es viele Bezugspersonen und wird eher

---

[40] Eine gute Einführung in die Thematik findet man auch auf der Internetseite von Forum China, *Mianzi: Das Gesicht verlieren und geben in China.* http://www.forumchina.de/mianzi-gesicht-china (Zugriff am 16.02.2012).

[41] Yap ist die Hauptinsel der Yap-Inseln im Pazifik und ein Teilstaat der Föderierten Staaten von Mikronesien.

[42] Lingenfelter / Mayers, *Kulturübergreifender Dienst*, S.92.

kollektiv geprägt werden. Sein Gewissen wird bei Fehlverhalten überwiegend mit Scham- und weniger mit Schuldgefühlen reagieren. Man spricht in diesem Zusammenhang auch von einem *„schamorientierten Gewissen"[43]. Furcht vor Bloßstellung* und *Schamorientierung des Gewissens* gehen Hand in Hand. Angehörige einer *schamorientierten Kultur* versuchen es unter allen Umständen zu vermeiden, dass ihr Fehlverhalten ans Licht kommt. Kommt es doch irgendwann ans Licht, dann wird es abgestritten, bis das nicht mehr möglich ist. Empfindet jemand die Beschämung besonders stark, kann es sein, dass er den Ort verlässt und, wenn überhaupt, erst dann wieder zurückkommt, wenn „Gras über die Sache gewachsen" ist. In manchen Kulturen kann es sogar sein, dass derjenige, der ein Vergehen aufdeckt, als „der Böse" betrachtet wird, weil er dadurch jemanden bloßgestellt hat. Schamorientierung bedeutet jedoch nicht, dass Bloßstellung und Beschämung einer Person auf jeden Fall vermieden werden. Bloßstellung und Beschämung können auch ganz bewusst als „erzieherische Maßnahmen" eingesetzt werden. Man tut das manchmal mit Kindern, die nicht gehorchen wollen, oder mit Menschen, die Gesetze oder andere gesellschaftliche Normen verletzen. So kann man z. B. immer wieder in den Nachrichten des peruanischen Fernsehens Berichte sehen, in denen verhaftete Straftäter in Handschellen gezeigt und auf diese Weise „öffentlich vorgeführt" werden. Ähnliches war in früheren Zeiten auch in Deutschland üblich, als Leute „an den Pranger" gestellt wurden. Beschämung kann also auch eine abschreckende Wirkung haben und zur Kontrolle von Verhalten bzw. Einhaltung von Normen eingesetzt werden.
Der Gegenpol zur *Furcht vor Bloßstellung* ist *Mut zur Bloßstellung*. Es gibt Kulturen, in denen es nicht weiter

---

[43] Zur Vertiefung der Thematik kann ich die Lektüre des Kapitel „Kultur und Über-Ich (Gewissen)" in Lothar Käser, *Fremde Kulturen*, S.129ff, sehr empfehlen!

schlimm ist, Fehler zu machen. „Irren ist menschlich“ und „nobody is perfect“. Man ist daher auch nicht darauf aus, sich nur auf sicherem Terrain zu bewegen und Fehler auf alle Fälle zu vermeiden, sondern wagt es auch, neue Wege zu gehen, denn: „Wer nicht wagt, der nicht gewinnt!“ Man fühlt sich durch einen Fehlschlag oder Fehler nicht bloßgestellt, sondern sieht darin eine Chance, zu lernen. Es fällt leichter, Versagen oder Fehlverhalten offen zuzugeben und „dazu zu stehen“, auch wenn das vielleicht zunächst einmal Strafe oder andere Konsequenzen bedeutet.

Auch der *Mut zur Bloßstellung* ist eng mit der Prägung des Gewissens verknüpft. In diesem Fall findet die Sozialisation des Individuums überwiegend im Rahmen einer Kleinfamilie und/oder städtischen Umgebung statt. Das Kind hat wenige Bezugspersonen und wird stärker individualistisch geprägt. Das Gewissen reagiert auf eigenes Fehlverhalten überwiegend mit Schuldgefühlen und weniger mit Scham. Daher spricht man auch von einem *„schuldorientierten Gewissen“*. Hier finden wir also die Kombination *Mut zur Bloßstellung* und *Schuldorientierung des Gewissens*. Wird gegen eine Norm verstoßen, können die Schuldgefühle sehr stark und niederdrückend sein, und es fällt eher schwer, die Sache dauerhaft „unter den Teppich zu kehren“. Offenes Zugeben und Bekennen von Fehlverhalten und Schuld wird entlastend für das Gewissen empfunden. In Ländern, in denen die Schuldorientierung des Gewissens vorherrscht, hört man in den Nachrichten immer wieder von Straftätern, die nach langer Zeit zur Polizei gehen und sich selbst stellen, weil sie es nicht mehr aushalten und ihr Gewissen entlasten wollen.

Manchmal wird Menschen, deren Gewissen schamorientiert geprägt ist, vorgeworfen, sie hätten „kein Gewissen“; aber das stimmt nicht. Genauso wie Menschen mit einer schuldorientierten Gewissensprägung sind sie sich im Falle eines Fehlverhaltens sehr wohl dessen bewusst, dass sie gegen Normen verstoßen haben. Ihr Gewissen reagiert allerdings anders, nämlich mit Scham- und nicht mit Schuldgefühlen. Aus diesem Grund gehen sie mit Schuld anders um.

Wie wirken sich Schuld- und Schamorientierung auf den Kommunikationsstil aus? Treffen Vertreter dieser beiden Ausprägungen aufeinander, dann kann es schwierig und kompliziert werden. Das betrifft insbesondere die Offenheit, in der kommuniziert werden kann. In Kulturen mit *Mut zur Bloßstellung* wird in der Regel ein eher direkter Kommunikationsstil praktiziert (ich werde im nächsten Kapitel nochmals darauf zu sprechen kommen), während in Kulturen mit *Furcht vor Bloßstellung* eher indirekt kommuniziert wird. Der eine bevorzugt das offene Gespräch, für den anderen stellt das aber ein großes Dilemma dar. Während der eine offen über alle möglichen Dinge spricht, inklusive eigener und fremder „Pleiten, Pech und Pannen", kann dem anderen vor Scham und peinlicher Betroffenheit davon glatt „die Spucke wegbleiben". Wird der schamorientierte Gesprächspartner dann aufgefordert „offen" von sich selbst zu erzählen, kann er sich damit schlicht überfordert fühlen. Vermutlich wird er kaum etwas Wesentliches von sich selbst preisgeben, um einer möglichen Bloßstellung durch den anderen zu entgehen. Während der eine Gesprächspartner sehr transparent ist und sich nicht scheut, auch negative Gefühle preiszugeben, wird der andere eher reserviert reagieren und seine Gefühle über längere Zeit verbergen. Jemand, der *Furcht vor Bloßstellung* hat, neigt dazu, private Angelegenheiten für sich zu behalten. Seine Werte-Orientierung erfordert eine starke Selbstkontrolle, insbesondere auch der eigenen Emotionen. In manchen Kulturen kommt diese Selbstkontrolle sogar durch den Gesichtsausdruck zum Ausdruck, der von einem beständigen Lächeln geprägt zu sein scheint. Wenn jedoch ein Punkt erreicht wird, an dem der innere Druck zu groß wird, kann es sein, dass diese Person ganz unerwartet und heftig explodiert. Dies beinhaltet meist auch einen

Gesichtsverlust, der die Beziehung nachhaltig stören kann. In manchen Kulturen spielt der Alkohol die Rolle eines Ventils. Haben die Leute zu viel getrunken, dann lässt die Selbstkontrolle nach und die Hemmschwellen sinken. Das kann dazu führen, dass sie ihren aufgestauten Frust ungefiltert herauslassen. Dabei verlieren sie aber nicht unbedingt ihr Gesicht, denn sie waren in besagtem Moment ja „nicht zurechnungsfähig", der Alkohol war dafür „verantwortlich".

Wie offen und auf welche Weise man Fehlverhalten und Schuld ansprechen kann, beeinflusst die Art, wie Konflikte gelöst werden können. In Kulturen, in denen *Mut zur Bloßstellung* vorherrscht, kann der andere offen und direkt konfrontiert und korrigiert werden. Es fällt auch leichter, Feedback zu geben und Feedback zu erhalten. In Kulturen, in denen *Furcht vor Bloßstellung* vorherrscht, führen Offenheit und Direktheit oft erst recht zu Problemen, weil sich der andere vorgeführt und erniedrigt fühlt. Da in diesen Kulturen meist ein indirekter Kommunikationsstil gepflegt wird, ist es auch bei Konflikten üblich indirekt vorzugehen. Schlechte Botschaften oder Kritik lässt man durch eine andere Person überbringen. Dieser Dritte, der als „Vermittler" auftritt, sollte das Vertrauen beider Parteien genießen. Leute, die einen direkten Kommunikationsstil pflegen und *Mut zur Bloßstellung* haben, empfinden diese Vorgehensweise oft als „unmöglich" oder als „hintenherum reden". In einer schamorientierten Kultur wird diese Vorgehensweise jedoch als respektvolles Verhalten betrachtet, insbesondere unter Erwachsenen. Einen Erwachsenen direkt zu konfrontieren würde bedeuten, ihn wie ein Kind zu behandeln.

Aber nicht nur die Konfrontation von Fehlverhalten kann in Kulturen mit *Furcht vor Bloßstellung* zu Komplikationen führen, sondern auch das Loben von Erfolg und guten Leistungen. Lingenfelter weist darauf hin, dass das Loben eines mikronesischen Schülers vor seinen Klassen-kameraden diesen der strengsten Kritik seiner Mitschüler aussetzt. Man sieht ihn als „Streber" an, der andere durch seine guten Leistungen in schlechtes Licht rücken will. Die Folge des Lobs kann sein, dass der Schüler nun wochenlang mit voller Absicht schlechte Arbeit leistet![44]

Mut zur Bloßstellung und Furcht vor Bloßstellung stellen zwei Extreme im Wertequadrat dar. Die meisten Kulturen tendieren eher in die eine oder in die andere Richtung. Die erwähnten Beispiele von den pazifischen Inseln beschreiben recht extreme Ausprägungen der Schamorientierung.
Wir möchten uns kurz anhand des Wertequadrats anschauen, in welche „Un-Werte" diese beiden Werte-Dimensionen abgleiten können, und welche Vorwürfe die jeweiligen Vertreter der Gegenseite machen können:

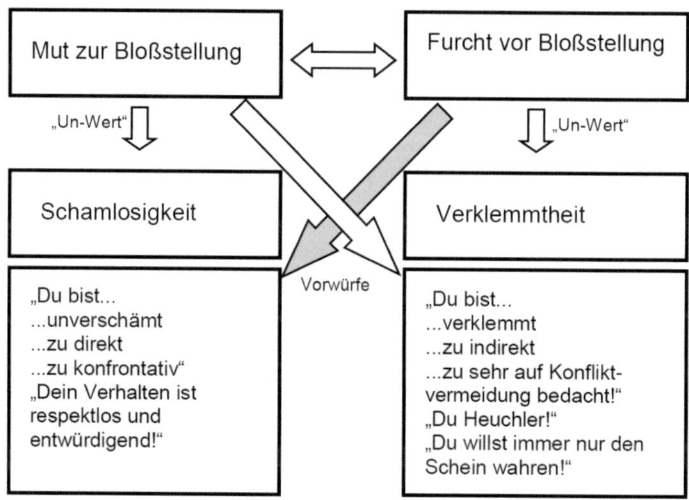

Vertiefende Fragen:
✓ Was dominiert bei Ihnen: Mut zur Bloßstellung oder Furcht vor Bloßstellung?

---

[44] Lingenfelter / Mayers, *Kulturübergreifender Dienst*, S.93.

✓ Was empfinden Sie vorwiegend bei eigenem Fehlverhalten: Schuld- oder Schamgefühle?
✓ Erinnern Sie sich an eine Begegnung mit jemandem, dessen Prägung sich bezüglich dieser Werte-Dimension von der Ihrigen unterschieden hat? Was haben Sie dabei empfunden? Wie haben Sie reagiert? Wie erklären Sie sich diese Empfindungen und Reaktionen?

3.5. Die Bedeutung des Erreichens von Zielen

Kulturen unterscheiden sich auch hinsichtlich ihrer Zielvorstellungen. Das hat oft ganz konkrete Auswirkungen auf das Verhältnis zur Arbeit („Leben, um zu arbeiten" oder „arbeiten, um zu leben") sowie die Umsetzung und Durchführung von Projekten („Der Weg ist das Ziel", oder „das Ziel ist das Ziel"). Ein weiterer Aspekt sind Einsatz- und Hingabebereitschaft auf dem Weg zum Erfolg.

Hofstede nennt in diesem Zusammenhang *Langzeit-* und *Kurzzeitorientierung* als eine Dimension nationaler Kulturen.[45] Interessanterweise wurde diese Dimension im Rahmen einer *Chinese Value Survey* entdeckt. Dabei wurde insbesondere die Beziehung zwischen nationalen Werten im asiatischen Raum und den Lehren des Konfuzius (innerer Kern des Zwiebelmodells) deutlich. Insbesondere die Tugenden guter Ausbildung und Erziehung, harter Arbeit, Sparsamkeit, sowie Geduld und Ausdauer spielten eine wichtige Rolle. So definiert Hofstede *Langzeitorientierung* als „das Hegen von Tugenden, die auf künftigen Erfolg hin ausgerichtet sind, insbesondere Beharrlichkeit und Sparsamkeit."[46] *Kurzzeitorientierung* wird definiert als „das Hegen von Tugenden, die mit der Vergangenheit und der Gegenwart in Verbindung stehen, insbesondere Respekt für

---

[45] Hofstede, *Lokales Denken, globales Handeln*, S.270ff.
[46] A.a.O., S.274.

Traditionen, Wahrung des „Gesichts" und die Erfüllung sozialer Pflichten."[47] Auch an diesem Gegenpol Kurzzeitorientierung kommen konfuzianische Werte vor, z. B. Respekt gegenüber den Eltern, Wahrung des Gesichts, diese wurden in der *Chinese Value Survey* aber mit Kollektivismus assoziiert.[48] Der herausragende Aspekt der Langzeitorientierung ist sicher die starke Beharrlichkeit, verbunden mit der Bereitschaft zum Verzicht, um auf lange Sicht erfolgreich zu sein. Dadurch lässt sich auch die bemerkenswerte wirtschaftliche Aufholjagd der sogenannten „Tigerstaaten"[49] im 20. Jahrhundert erklären, die alle einen sehr hohen Punktewert bei der Langzeitorientierung haben.[50]

Mayers unterscheidet hinsichtlich unterschiedlicher Zielvorstellungen die beiden Werte *„Zielorientierung"* und *„Personenorientierung"*.[51] Diese sind allerdings nicht mit Hofstedes *Langzeit-* und *Kurzzeitorientierung* vergleichbar.

Bei der *Zielorientierung* haben Aufgaben und Sachziele Priorität. Zielorientierte Menschen sind zufrieden, wenn sie ein Ziel erreicht haben und ein Projekt erfolgreich abschließen können. Trotz Zielerreichung wird es ihnen nie langweilig, denn es stehen weitere Aufgaben und Projekte auf der „To-do-Liste". Sie stehen in der Gefahr sich mehr vorzunehmen, als sie in der Zeit, die ihnen zur Verfügung steht, bewältigen können. Die Folge davon ist Hektik und manche werden sogar zu Workaholics. Um Ziele zu

---

[47] Ebd.

[48] A.a.O., S.276.

[49] Japan, Hongkong, Taiwan, Südkorea und Singapur

[50] Hofstede, *Lokales Denken, globales Handeln*, S.274f.

[51] Lingenfelter / Mayers, *Kulturübergreifender Dienst*, S.70ff.
Susanne Doser verwendet die Begriffe *Aufgaben-* und *Beziehungs-orientierung*, meint aber damit im Wesentlichen dasselbe, wie Mayers mit *Ziel-* und *Personenorientierung*. Susanne Doser, *30 Minuten für interkulturelle Kompetenz*, (Offenbach: GABAL, 2006), S.39.

erreichen, sind sie bereit, entsprechende Opfer zu bringen, was oft zulasten von Beziehungen in der Familie geht und Einsamkeit mit sich bringen kann. Eine weitere Gefahr dieser Prioritätensetzung ist, dass Mitmenschen nur noch gemäß ihrer Funktion, als ein Teilchen im Arbeitsablauf, angesehen werden.

Bei der *Personenorientierung* haben Beziehungen und Gemeinschaft Priorität. Personenorientierte Menschen sind zufrieden, wenn sie gute Beziehungen zu anderen aufbauen und pflegen können. Für sie sind gute Beziehungen ein Ziel, das sich zu erreichen lohnt; es ist wichtiger, als die Erledigung von Aufgaben und die Erreichung von Sachzielen. Das Gemeinschaftserlebnis ist wichtiger als die schnelle Fertigstellung eines Projekts. Als Konsequenz davon gehen Arbeiten langsamer voran und Projekte dauern oft länger als geplant.

Auch bei der Beschreibung dieser Werte-Dimension wurde deutlich, wie die beiden Werte in einer Spannung zueinander stehen. Beim Zusammentreffen von einem Personenorientierten mit einem Zielorientierten kann es leicht zu Dissonanzen kommen. Denn in diesem Fall wirkt sich die jeweilige Werte-Orientierung ebenfalls auf den Kommunikationsstil aus. Bei *zielorientierten* Menschen hat „die Sache" Priorität. So kommen sie in der Regel sofort und direkt „zur Sache"; „um den heißen Brei herum reden" empfinden sie als Zeitverschwendung. Im beruflichen Umfeld werden Beruf und Privatleben meist strikt getrennt, und das Gespräch beschränkt sich im Wesentlichen auf geschäftliche Dinge. Bei Gesprächen mit (zukünftigen) Geschäftspartnern wird größter Wert auf fachliche Kompetenz und Konditionen gelegt. Vertragliche Vereinbarungen gelten als verbindlich.

Personenorientierte Menschen sprechen zuerst einmal über Persönliches. Sie erkundigen sich nach dem Wohlergehen ihres Gesprächspartners und dessen Familie. Zu Beginn eines Gesprächs geht es zunächst einmal darum, miteinander warm zu werden, Atmosphäre zu schaffen und Vertrauen aufzubauen. Erst nach einer gewissen Zeit werden auch Sachfragen und damit verbundene Anliegen angesprochen. Im beruflichen Umfeld werden Beruf und Privatleben nicht strikt voneinander getrennt, sondern vermischt. Bei Gesprächen mit möglichen Geschäftspartnern wird größter Wert auf das Kennenlernen und den Aufbau einer Vertrauensbeziehung gelegt. Wechseln die zuständigen Mitarbeiter (Vertreter, Geschäftsführer) beim Unternehmen, dann bedeutet das nicht unbedingt, dass die Geschäftsbeziehung fortgesetzt wird. Wechselt der Verkäufer zu einem anderen Unternehmen derselben Branche, dann ist es gut möglich, dass seine Kunden mit ihm zum neuen Unternehmen wechseln.

Ziel- und personenorientierte Menschen legen bei der Verschlüsselung und Entschlüsselung von Botschaften unterschiedliche Schwerpunkte. Im Kommunikationsquadrat (die vier Seiten einer Botschaft) wird entweder der Sachinhalt oder der Beziehungsaspekt ein größeres Gewicht haben. Beim Hören wird entweder das Sach- oder das Beziehungsohr ausgeprägter sein –, was zu entsprechenden Missverständnissen führen kann.

Insbesondere bei internationalen Wirtschaftsbeziehungen oder in der Entwicklungszusammenarbeit, wo das Erreichen von Sachzielen und die erfolgreiche Durchführung von Projekten im Vordergrund stehen, darf der Beziehungs-aspekt auf keinen Fall vernachlässigt werden! Gerade in diesen Fällen treffen mit großer Wahrscheinlichkeit zielorientierte und personenorientierte Partner aufeinander. Das Gelingen der Projekte wird dabei nicht in erster Linie vom technischen Know-how, sondern vom Gelingen der Beziehungen abhängen. Dies stellt insbesondere an die zielorientierten Partner besondere Anforderungen. Einerseits müssen sie ganz stark an der Beziehungsseite arbeiten, einem Bereich, der bei ihnen persönlich meist nicht so stark ausgeprägt ist, auf der anderen Seite spüren sie den Druck vonseiten ihrer zielorientierten Vorgesetzten und/oder vonseiten der Geldgeber der Projekte, die in erster Linie an „Ergebnissen" interessiert sind.

Vertiefende Fragen:
- ✓ Was dominiert bei Ihnen: Ziel- oder Personenorientierung?
- ✓ Erinnern Sie sich an die Begegnung mit jemandem, dessen Prägung sich bezüglich dieser Werte-Dimension von der Ihrigen unterschieden hat? Wie ist das Gespräch abgelaufen? Was haben Sie vermisst; was hätten Sie sich gewünscht? Was würden Sie das nächste Mal vielleicht anders machen?

3.6. Der Umgang mit möglichen Krisen

Es gibt vielerlei Krisen, die uns Menschen treffen können: Krankheit, Unfall, Wirtschafts- und Finanzkrisen, Kriege, Naturkatastrophen etc. Das Wesen möglicher Krisen ist, dass wir zwar wissen, dass sie eintreffen können, aber nicht wissen, wann das der Fall sein wird. Das führt natürlich zu Unsicherheit und Angst. In den unterschiedlichen Kulturen haben die Menschen verschiedene Strategien entwickelt, um mit möglichen Krisen und der damit verbundenen Unsicherheit umzugehen. Diese Strategien werden nicht unerheblich von der jeweiligen Weltanschauung, Philosophie und Religion beeinflusst.
Hofstede nennt in diesem Zusammenhang *„Unsicherheitsvermeidung"* als eine Dimension nationaler Kulturen.[52] Er definiert *Unsicherheitsvermeidung* als den „Grad, bis zu dem die Mitglieder einer Kultur sich durch uneindeutige oder unbekannte Situationen bedroht fühlen."[53] Uneindeutigkeit

---

[52] Hofstede, *Lokales Denken, globales Handeln*, S.214ff.
[53] A.a.O., S.220.

und Unbekanntes können unbestimmte Ängste auslösen, die nicht greifbar sind und permanenten, unterschwelligen Stress mit sich bringen. Kulturen mit einem hohen Punktwert auf dem Unsicherheitsvermeidungsindex (z. B. lateinamerikanische, romanische und Mittelmeerländer)[54] tun sich sehr schwer damit, diese Uneindeutigkeit zu ertragen. Sie neigen daher dazu, zu versuchen, diese Uneindeutigkeit zu reduzieren und scheuen uneindeutige Situationen. Das bedeutet aber keinesfalls eine Reduzierung des Risikos, denn Risiken sind in einem gewissen Sinne "kalkulierbar". Daher sind paradoxerweise gerade Menschen aus Kulturen, die auf Unsicherheitsvermeidung bedacht sind, „häufig bereit, sich in riskante Verhaltensweisen einzulassen, um Uneindeutigkeiten zu vermeiden, z. B. einen Kampf mit einem potenziellen Gegner zu beginnen, statt ruhig abzuwarten."[55]

Mayers beschreibt unterschiedliche Strategien der Krisenbewältigung und unterscheidet zwischen *„Krisenorientierung"* und *„Gelassenheit"*.[56] Diese beiden Grundorientierungen beschreiben sowohl die *Einstellung zu möglichen Krisen* als auch *die Art, wie man versucht akute Krisen zu bewältigen*.
In *krisenorientierten Kulturen* versucht man, möglichst gut vorbereitet zu sein und Krisen zu vermeiden. Daher wird großer Wert auf Prävention gelegt. Man versucht bereits schon vor Eintreten einer möglichen Krise herauszufinden, was alles passieren und schief gehen könnte. Dabei neigt man zum Pessimismus und geht vom schlimmsten möglichen Fall (GAU) aus, indem man ein „Worst-Case-Szenario" entwirft. Der Rat von Experten wird sehr geschätzt und mit ihrer Hilfe werden Krisenpläne entworfen. Man

---

[54] Ebd.
[55] A.a.O., S.225.
[56] Lingenfelter / Mayers, *Kulturübergreifender Dienst*, S.59ff.

90

betreibt ein aktives Krisenmanagement, das für jede Situation eine fest vorgeschriebene Handlungsweise vorsieht, auf die zurückgegriffen werden kann. Im Falle einer Krise hat man schnelle Lösungen parat und kann Unklarheiten vermeiden.

In Kulturen mit einer *Haltung zur Gelassenheit* verlässt man sich weniger auf den Rat von Experten, sondern auf die eigene Erfahrung. Die Menschen sind eher optimistisch eingestellt und gehen davon aus, dass der schlimmste mögliche Fall selten bis nie eintritt. Bahnt sich eine Krise an, dann warten sie zunächst einmal ab und schauen, wie sich die Dinge entwickeln; dabei werden Entscheidungen gerne hinausgeschoben. Man reagiert sehr flexibel und spontan, je nachdem, wie es die Situation erfordert, und versucht nicht, alle Fragen von vornherein zu klären und sich auf einen einzigen Lösungsweg festzulegen.

Beide Grundorientierungen *Krisenorientierung* und *Gelassenheit* haben sowohl positive als auch negative Seiten. Durch vorausschauendes Planen und Prävention kann viel Schaden verhindert werden. Aber es gibt auch Situationen, wie z. B. die Katastrophe von Fukushima, in denen sogar das Worst-Case-Szenario übertroffen wird und auch die besten Krisenpläne versagen. In solchen Situationen ist schnelles, flexibles und mitunter auch unkonventionelles Handeln gefragt.[57]

Kommt man als Angehöriger einer eher krisenorientierten Kultur in ein Land, in dem die Haltung der Gelassenheit vorherrscht, dann kann man leicht „die Krise" bekommen. Angesichts eigener, gesteigerter Nervosität, z. B. in einem

---

[57] Im Fall von Fukushima kam erschwerend hinzu, dass die Kompetenzen der Mitarbeiter vor Ort begrenzt waren, und Lösungsvorschläge erst alle Hierarchieebenen durchlaufen und „oben" abgesegnet werden mussten, bevor sie umgesetzt werden konnten. Dadurch ging kostbare Zeit verloren. D. h., das Handeln in einer Krisensituation hängt nicht nur von der Werte-Orientierung gegenüber Krisen, sondern auch noch von anderen kulturell bedingten Faktoren ab.

Bus, der womöglich mit abgefahrenen Reifen und nicht mehr ganz so funktionstüchtigen Bremsen, auf einer Bergstraße am tiefen Abhang entlang rast, kann sich ein Einheimischer immer noch ganz entspannt fragen: „Was hat er denn, der Gringo?" Ist man selbst auf Krisenvermeidung programmiert und weist Einheimische auf Gefahren hin, dann bedeutet das nicht, dass sie die Gefahr in derselben Weise als Bedrohung wahrnehmen. Insbesondere der Appell in der Botschaft („Das ist gefährlich, tut etwas dagegen!") kann dabei verloren gehen und beim Sender entsprechende Frustrationen auslösen. In akuten Krisensituationen kann es sogar zu folgenschweren Missverständnissen und einem völligen Zusammenbruch der Kommunikation kommen. Lingenfelter erzählt das Beispiel eines amerikanischen Piloten, der für einen Missionsflugdienst flog.[58] Dieser brachte einen Verletzten von einer Insel nach Yap. Der Patient blutete stark, so dass der Pilot über Funk das Krankenhaus verständigte und einen Krankenwagen anforderte. Das Krankenhauspersonal war von einer Grundhaltung der Gelassenheit geprägt; sie hatten kaum einmal eine richtige Krise erlebt und Notrufe nach einem Krankenwagen gab es sehr selten. Daher erkannten sie den wirklichen Ernst der Situation nicht und so war der Krankenwagen nicht zur Stelle, als der Pilot auf dem Flugplatz landete. Der Patient starb im Flugzeug und erst eine halbe Stunde später kam der Krankenwagen. Als der Fahrer des Krankenwagens erfuhr, dass der Pilot sehr aufgebracht war, fuhr dieser sofort wieder zurück zum Krankenhaus, und überließ es dem Piloten, sich um den Leichnam zu kümmern.

Insbesondere in Krisen- bzw. Gefahrensituationen müssen wir damit rechnen, dass andere Menschen ein anderes Empfinden für Dringlichkeit haben als wir. In solchen Momenten kann es eine Hilfe sein, sich folgende Fragen zu stellen:

---

[58] Lingenfelter / Mayers, *Kulturübergreifender Dienst*, S.66.

➢ Wie schwerwiegend und akut ist das Problem wirklich?
➢ Was kann geschehen, wenn nicht sofort gehandelt wird?
➢ Was kann ich tun, wenn der Ernstfall tatsächlich eintritt?

Gerade in interkulturellen Situationen ist es ein Irrtum, davon auszugehen, dass gegenseitiges Verstehen allein durch Worte geschieht. Die persönliche Grundeinstellung hinsichtlich möglicher Krisen wird das Verständnis beeinflussen und entsprechend beeinträchtigen. Das kann entweder dazu führen, dass Menschen den Ernst der Lage nicht erkennen, oder aber, dass sie ihn überbewerten und ohne Grund in Panik ausbrechen. Beides kann ernsthafte Konsequenzen haben.

Vertiefende Fragen:
✓ Wie sehr fühlen Sie sich durch uneindeutige oder unbekannte Situationen bedroht? Wie hoch würden Sie (z. B. auf einer Skala zwischen 1 und 10) ihre Tendenz zur Unsicherheitsvermeidung einschätzen?
✓ Tendieren Sie angesichts der Möglichkeit von Krisen eher zur Krisenorientierung oder eher zur Gelassenheit?
✓ Haben Sie Krisensituationen erlebt, in denen andere beteiligte Personen ganz anders gehandelt oder reagiert haben, als Sie das erwartet haben? Falls ja, worin bestand der Unterschied und wie würden sie diesen erklären?

3.7. Unterschiede in der Art zu denken

Die Art und Weise, wie ein Mensch denkt, wird von der Kultur geprägt, in der er aufwächst. Seine Art zu denken entscheidet darüber, zu welchen Schlussfolgerungen er kommt und wie er Dinge beurteilt. Die Denkweise hat also auch Einfluss auf Bewertungen und Werte.

Es gibt verschiedene Versuche, diese Unterschiede im Denkvollzug zu beschreiben. Ganz allgemein wird oft von *„westlichem Denken"* und *„nicht-westlichem"* oder *„östlichem Denken"* gesprochen. Mayers nimmt ebenfalls eine Zweiteilung vor, die wir zunächst einmal betrachten werden; er unterscheidet zwischen *„Analyse"* und *„Synthese"*.[59] Anschließend wollen wir uns eine Dreiteilung ansehen, auf die David Hesselgrave aufmerksam macht. Doch zunächst einmal zum Modell von Mayers:

Bei der *Analyse* wird, wie der Begriff schon sagt, *analysiert*. D. h. eine Sache oder ein Sachverhalt wird dabei systematisch untersucht und in seine Bestandteile zerlegt. Dabei liegt der Fokus sehr stark auf den Einzelheiten. Bei dieser Denkweise besteht eine gewisse Gefahr darin, vor lauter Konzentration auf die Details das Ganze aus den Augen zu verlieren. Die Ergebnisse der Analyse werden systematisiert und entsprechenden Kategorien zugeordnet. Man versucht daraus auch allgemeingültige Prinzipien abzuleiten, die man später auf neuartige Fragestellungen und Situationen anwenden kann. Ein Kennzeichen analytischen Denkens ist, dass Sachverhalte auf sehr kompakte und abstrakte Weise ausgedrückt werden.

Bei der *Synthese*, d. h. bei *synthetischem* oder *ganzheitlichem Denken*, bleibt das Ganze im Blick. Das bedeutet nicht nur, dass Einzelteile nie aus dem Gesamtzusammenhang herausgelöst werden, das Ganze ist immer auch größer als die Summe seiner Teile. Entsprechend werden andere Menschen beurteilt. Selbst wenn eine Person ihre Arbeit ausgezeichnet macht, wird man nicht über ihre Charakterschwächen hinwegsehen, sondern das Gesamtbild bei der Beurteilung berücksichtigen. Als Fachkraft in einer ganzheitlich geprägten Kultur darf man sich daher nicht alleine auf seine fachlichen Fähigkeiten und Kompetenzen verlassen. Die persönliche Akzeptanz wird in

---

[59] Lingenfelter / Mayers, *Kulturübergreifender Dienst*, S.46ff.

94

weit stärkerem Maße vom Gesamteindruck abhängen, den die Einheimischen gewinnen.

Analytische Denker und Kulturen differenzieren in solchen Fällen stärker, sie können die beiden Bereiche „Arbeitsleistung" bzw. „Kompetenzen" und „Charakter" voneinander trennen. Solange der eine Bereich, der als untergeordnet betrachtet wird, in diesem Fall der Charakter, keine wesentlichen Auswirkungen auf den Bereich hat, der als wichtiger erachtet wird, in diesem Fall die Arbeitsleistung bzw. die Kompetenzen, hat dies auch keine negativen Auswirkungen auf die Beurteilung der Person.

Hesselgrave unterscheidet dreierlei Arten von Denkweisen:[60] *„konzeptionelles Denken" (conceptual thinking)*, *„intuitives Denken" (intuitional thinking)* und *„konkretes, relationales Denken" (concrete relational thinking)*. Dabei steht vor allem die Weise, wie man zu Wissen kommt, sogenannte „kognitive Prozesse", im Vordergrund.

Konzeptionelles Denken ist vorwiegend in westlich geprägten Kulturkreisen zu finden. Es ist abstrakt, analytisch und systematisch. Man legt großen Wert darauf, dass etwas gründlich recherchiert und erarbeitet wurde und das Ergebnis „wissenschaftlich fundiert" ist.

Intuitives Denken findet man vorwiegend im Osten, insbesondere auch in Indien. Die Denkweise ist mystisch geprägt. Man unterscheidet dabei zwischen einer höheren Erkenntnis (Brahman[61]) und einer niedrigeren Erkenntnis zu

---

[60] David J. Hesselgrave, *Communicating Christ Cross-Culturally.* (Grand Rapids, Michigan: Zondervan, 1991), S.301ff.

[61] Brahman bezeichnet „in der hinduistischen Philosophie die unveränderliche, unendliche, immanente und transzendente Realität, welche den Grund aller Materie, Energie, Zeit, Raum, Sein und alles über dem Universum darstellt." Wikipedia, *Brahman (Philosophie)*, http://de.wikipedia.org/wiki/Brahman_%28Philosophie%29 (Zugriff am 17.02.2012).

der z. B. Mathematik, Wissenschaft[62] oder Philosophie gezählt werden. Als Weg zum Erlangen dieser höheren Erkenntnis bzw. Erleuchtung dienen z. B. Yoga-Techniken und Meditation.

Konkretes, relationales Denken prägt laut Hesselgrave vor allem das Denken der Chinesen und auch von Stammeskulturen. Gelernt wird insbesondere durch konkrete Erfahrungen in konkreten Situationen. Fähigkeiten werden vor allem durch Beobachten und Nachmachen (Imitieren und Auswendiglernen) erlernt. Etwas zu wissen bedeutet, es wiedergeben (imitieren) zu können; es ist nicht unbedingt notwendig, auch verstanden zu haben, warum es so ist oder auf eine bestimmte Weise funktioniert. Die praktischen Aspekte, dass man etwas kann und dass etwas funktioniert, stehen im Vordergrund, nicht die Theorie (das „Warum").

Die jeweils vorherrschende Denkweise in einer Kultur hat Auswirkungen auf alle Lebensbereiche. Sie hat großen Einfluss auf den Lehr- und Lernstil (imitieren oder reflektieren), sowie auf das Ergebnis des Lernens (auswendig können oder verstehen). Lesen kann z. B. entweder auf *analytische* oder auf *ganzheitliche Weise* erlernt werden. Bei der *analytischen Methode* werden einzelne Silben erlernt und zu entsprechenden Worten zusammengefügt. Dabei werden Worte in ihre Bestandteile zerlegt; beim Lesen müssen dann nicht nur die einzelnen Bestandteile wieder zusammengesetzt, sondern auch der damit verbundene Sinn erkannt werden (Ba-na-ne = Banane). Bei der *ganzheitlichen Methode* werden ganze Worte am Stück erlernt und auf diese Weise mit etwas Konkretem, dem durch das Wort repräsentierten Sinn, in

---

[62] Das bedeutet auch, dass „rationale Argumente" einer „höheren Erkenntnis" untergeordnet sind. Beim konzeptionellen Denken ist das völlig anders: Eine angeblich „höhere Erkenntnis" wird vom Verstand („Ratio") sehr kritisch unter die Lupe genommen, rationale Argumente spielen in diesem Fall die entscheidendere Rolle.

Verbindung gebracht. Dadurch fällt es leichter, den Sinn des Gelesenen zu verstehen. Dies ist aber nur der Fall, wenn von Anfang an auch Wert auf das Textverständnis gelegt wird und Lesen nicht als eine „rein mechanische Tätigkeit" im Sinne von auswendig lernen, ohne zu verstehen, vermittelt wird.

Die jeweils vorherrschende Denkweise bestimmt natürlich auch den Kommunikationsstil in einer Kultur. Beim *analytischen Denken* bzw. *konzeptionellen Denken* wird z. B. beim Aufbau eines Vortrags oder einer Lerneinheit sehr großer Wert auf einen logischen Aufbau (Gliederung) und eine systematische Darstellung gelegt; „Gedankensprünge" stellen einen Bruch dar und sollen vermieden werden. Normalerweise wird zuerst eine These oder ein allgemeingültiges Prinzip (oft etwas sehr Abstraktes) vorgestellt und diese(s) anschließend anhand von Beispielen veranschaulicht. Auch wenn die Beispiele zur Praxis hinführen sollen, liegt der Schwerpunkt doch stark auf der Theorie. Eine sehr wichtige Rolle spielen gute Argumente, die den Sachverhalt oder die These begründen. Außerdem sollen die Zuhörer verstehen, weshalb sich der Sachverhalt so darstellt und wie eine Sache funktioniert. Die Zuhörer sollen dadurch befähigt werden, die gelernten und verstandenen Prinzipien auch in neuen und unbekannten Situationen anwenden zu können.

Beim *konkreten, relationalen Denken* steht das Beispiel, z. B. eine Geschichte, am Anfang des Vortrags. Das Beispiel dient als konkretes Modell, anhand dessen gelernt und Prinzipien oder Verhaltensnormen („und die Moral von der Geschicht ...") abgeleitet werden. Dabei stehen pragmatische Gesichtspunkte (die Praxis) im Vordergrund. Es ist wichtig, dass etwas, z. B. eine bestimmte Verhaltensweise, funktioniert hat. Bei der Anwendung wird vorwiegend analog vorgegangen. Erleben die Zuhörer später eine ähnliche Situation wie in der gehörten Geschichte, dann werden sie versuchen auf dieselbe Weise zu reagieren (wie der Held); in neuen und unbekannten Situationen sind sie aber möglicherweise überfordert, weil die Anwendung nicht funktioniert. Eine systematische Darstellung oder logische Gliederung fehlt normalerweise bei dieser „Präsentationsform". Die „Gliederung" ergibt sich eigentlich ganz natürlich durch den Inhalt und Verlauf der Geschichte. Das Thema wird bei der Besprechung des konkreten Modells aus verschiedenen Perspektiven betrachtet und „umkreist". Dabei spielen auch Wiederholungen eine große Rolle, die die wichtigen Punkte der Botschaft herausstellen.

Die in diesem Abschnitt vorgestellten Grundtendenzen bei der Denkweise können natürlich auch innerhalb der Bevölkerung eines Landes in unterschiedlichen Varianten auftreten. In jedem Volk gibt es Menschen, die eher pragmatisch veranlagt sind, ganzheitlich denken und sich mit Abstraktem schwertun. Jedes Volk hat aber auch seine Denker, Philosophen und Intellektuellen, die analysieren und Theorien entwickeln. Trotzdem gibt es in jedem Land eine vorherrschende Denkweise, die sich auch im Bildungssystem widerspiegelt. Das kann beim internationalen Schüler- oder Studentenaustausch für die Betroffenen zu entsprechenden Kulturschocks führen, wenn sie z. B. mit ungewohnten Lehrmethoden oder anderen Lernzielen (Analysieren und selbst Erarbeiten oder Auswendig lernen und Kopieren) konfrontiert werden. Steht man als Lehrer oder Dozent vor der Herausforderung, Schüler oder Studenten aus anderen Kulturkreisen zu unterrichten, dann ist es eine unverzichtbare Aufgabe, sich mit dem Lehr- und Lernstil, von dem diese geprägt wurden, vertraut zu machen.

Vertiefende Fragen:
✓ Wie würden Sie Ihre Art zu denken beschreiben? Gehören Sie eher zu den Praktikern, die sich mit abstrakten Ideen schwertun? Oder gehören Sie mehr zu den Denkern und Intellektuellen, die gerne analysieren?

✓ Versuchen Sie, sich an eine Begegnung mit Menschen, die eine deutlich andere Denkweise haben als Sie, zu erinnern. Was haben Sie erlebt? Welche Unterschiede haben Sie wahrgenommen? Was haben Sie dabei gefühlt? Worauf würden Sie diese Unterschiede zurückführen?

3.8. Der Umgang mit Raum

Die letzte Werte-Dimension, mit der wir uns in diesem Kapitel beschäftigen möchten, betrifft den unterschiedlichen Umgang mit der Dimension „Raum". Auch dieser Aspekt hat Einfluss auf die interkulturelle Kommunikation.

Zum einen betrifft das die räumliche Orientierung, die auch sprachlich zum Ausdruck kommt. Dafür möchte ich kurz zwei Beispiele anführen. In Deutschland sind wir es gewohnt, uns anhand der Himmelsrichtungen (Norden, Süden, Osten, Westen) zu orientieren. Für die Indianer im Amazonasgebiet machen diese Begriffe wenig Sinn. Ihre Hauptbezugsgröße für die Orientierung sind die Flüsse, die sich in fast endlosen Schleifen durch den Urwald schlängeln und damit permanent ihre Richtung wechseln. In ihrem Fall ist es wichtig, ob man flussaufwärts oder flussabwärts wohnt bzw. reisen muss. Das zweite Beispiel hat mit dem Dorf zu tun, in dem ich wohne. Der Ort Hardt (bei Schramberg) liegt am Rande des mittleren Schwarzwaldes. Es ist im Prinzip egal, aus welcher Richtung man nach Hardt fährt, mit einer Ausnahme, es geht immer bergauf. Daher sagt man bei uns normalerweise nicht „ich gehe (oder fahre) nach Hardt", sondern es ist üblich zu sagen „ich gehe (fahre) auf's Hardt". Entsprechend meiner (Hardter) Raumorientierung wohne ich auch nicht „in Hardt", sondern genauer gesagt „auf dem Hardt". ☺
Ein weiterer Aspekt im Umgang mit Raum hat damit zu tun, was als privater Raum oder als „Privatsphäre" betrachtet wird. Je nach Kultur und wirtschaftlichen Möglichkeiten kann

das sehr unterschiedlich aussehen. In Deutschland sind wir es heute oft gewohnt, sehr viel Wohnraum für uns allein zur Verfügung zu haben. In vielen anderen Ländern leben dagegen oft sehr viel mehr Menschen auf einer vergleichsweise kleinen Wohnfläche zusammen. Was Menschen als Privatsphäre haben und brauchen, um sich noch wohlzufühlen, ist sehr verschieden. Ein weiterer Unterschied besteht darin, wie offen zugänglich oder wie abgeschlossen der Wohnraum ist. Bei meiner allerersten Reise in die Indianerdörfer, die zum Volk der Candoshi führte, war es schon eine Herausforderung für mich, dass fast alle Häuser, mit Ausnahme desjenigen des Lehrers, der meist ein Mestize war, keine Seitenwände hatten! Dadurch war nicht besonders viel Privatsphäre gegeben und jeder im Dorf wusste, was bei seinem Nachbarn vor sich ging. Der einzige Ort, den man als privaten Raum betrachten konnte, war unter dem Moskitonetz. Außerdem fiel mir auf, wie Besucher und Gastgeber oft für mein Empfinden sehr weit auseinander saßen. Manchmal betrug die Distanz zwischen den Gesprächspartnern mehrere Meter. Auch die Distanz zwischen zwei Gesprächspartnern ist kulturell bedingt. Innerhalb der Kultur halten beide Gesprächspartner eine Distanz ein, in der sich beide wohlfühlen. Wie groß oder wie klein diese Distanz ist, wird von der Beziehung der beiden Gesprächspartner bestimmt. Auch innerhalb der eigenen Kultur kann es geschehen, dass sich ein Gesprächspartner auf unangemessene Weise nähert und dem anderen dermaßen „auf die Pelle rückt", dass dieser sich unwohl fühlt und zurückweicht. Das unterschiedliche Empfinden für eine angemessene Distanz der Gesprächspartner kann in der interkulturellen Begegnung zu einer echten Herausforderung werden, insbesondere wenn einer der beiden aus einer Kultur stammt, in der ein großer räumlicher Abstand gewahrt wird, während der andere sehr viel Nähe gewohnt ist und diese braucht, um mit dem Gegenüber „warm zu werden".

Bereits am ersten Tag unserer Reise zu den Candoshi, ich begleitete meinen Kollegen Friedrich, trat ich unbewusst in das erste „Fettnäpfchen":

> *„Es dauerte nicht lange, da bekam auch ich meinen ersten Masato angeboten. Die Frau des Dorfchefs fischte noch eine letzte Mücke raus und überreichte mir dann die volle, selbst getöpferte Trinkschale. ... Weil die Trinkschale so voll war, fasste ich sie von unten an und berührte zufällig die Frau. Unter dem Grinsen der dabeisitzenden Jungs erklärte mir Friedrich, dass dies normalerweise ein Zeichen sei, dass man ein Interesse an einer Beziehung zu dieser Frau hat! Gott sei Dank hatte ich als Fremder eine gewisse Narrenfreiheit und man verzieh mir meine Unwissenheit."[63]*

Bei den Candoshi wurde nicht nur ein gewisser räumlicher Abstand zwischen den Gesprächspartnern gewahrt, auch das Berühren einer Frau, deren Familie man nicht angehörte, war Tabu. Ob und wie jemand berührt werden darf, ist ebenfalls von Kultur zu Kultur unterschiedlich. Da bei einer Berührung der räumliche Abstand zwischen zwei Personen mehr oder weniger aufgehoben wird, werde ich diesen Aspekt im Rahmen dieses Abschnittes behandeln.
Es gibt Kulturen, in denen fast jeder Körperkontakt vermieden wird. Selbst bei der Begrüßung erfolgt kein Körperkontakt. Bezüglich Berührungen kann es auch Tabus geben. Diese Tabus können das Geschlecht des Gegenübers betreffen. Es ist aber auch möglich, dass bestimmte Körperstellen des anderen, z. B. der Kopf, tabu sind, u.U. aus religiösen Gründen.

---

[63] Jürgen H. Schmidt, *Begegnungen in Peru. Urwaldindianer auf dem Weg ins 21. Jahrhundert,* (Norderstedt: Books on Demand, 2015), S.21.

In anderen Kulturen[64] ist dagegen häufiger und enger Körperkontakt durchaus üblich. Hier kommt dies meist schon bei der Begrüßung zum Ausdruck. Je nach kultureller Ausprägung gehören zu einer Begrüßung Händeschütteln, Umarmen und auch Küsschen. Dabei kann es auch geschlechtsspezifische Normen geben, d. h., möglicherweise ist die Berührung zwischen Männern und Frauen tabu, aber die Männer bzw. die Frauen untereinander berühren sich sehr wohl. Aber auch in den Kulturen, in denen zwischen Männern und Frauen bei der Begrüßung Umarmungen und Wangenküsse ausgetauscht werden, gibt es eine klare Grenze dessen, was angemessen und erlaubt ist.

Manche Art der Berührung mag einem kulturfremden Beobachter seltsam anmuten und kann ihn zu falschen Schlussfolgerungen führen: In manchen Ländern (z. B. Indien, Indonesien, Malaysia) kann es durchaus vorkommen, dass zwei Männer Hand-in-Hand miteinander in der Stadt spazieren gehen. Würde man daraus aber die Schlussfolgerung ziehen, die beiden wären homosexuell, dann hätte man sich gewaltig getäuscht. Dieses Beispiel macht deutlich, dass auch Berührungen und Körperkontakt eine Botschaft senden können, die sowohl vom Gegenüber als auch vom außenstehenden Beobachter empfangen werden können. Inwieweit diese empfangene Botschaft der Realität entspricht, oder nur eine imaginierte Botschaft ist, hängt von der jeweils kulturell geprägten Intention des (der) Handelnden ab. Ist diese Intention dem Gegenüber oder

---

[64] An dieser Stelle möchte ich nochmals darauf hinweisen, dass „Kulturen" nicht mit „Ländern" gleichzusetzen sind. In Lateinamerika sind Berührungen innerhalb von „Latinos" zwar durchaus üblich; dies gilt aber nicht automatisch für die Ureinwohner – insbesondere des Amazonastieflandes. In vielen Ethnien sind Berührungen zwischen Männern und Frauen nach wie vor weitgehend Tabu. Inzwischen werden bei der Begrüßung (auch zwischen Männern und Frauen) zwar immer öfter auch die Hände geschüttelt, damit ist aber das Limit dessen erreicht, was kulturell toleriert wird. Geht man weiter, dann ist es gut möglich, dass entsprechende Absichten unterstellt werden.

dem Beobachter nicht bekannt, dann kommt es zu Fehldeutungen und Missverständnissen.

Vertiefende Fragen:
- ✓ Welche Distanz zu ihrem Gesprächspartner empfinden Sie als angenehm und angemessen? Was empfinden Sie, wenn die Distanz zu groß oder zu gering ist?
- ✓ Welche kulturelle Prägung haben Sie im Bezug auf Berührungen? Wann wäre für Sie eine Grenze überschritten, und Sie würden sich nicht mehr wohl oder sogar belästigt fühlen?
- ✓ Hatten Sie selbst schon Erlebnisse, in denen eine andersartige kulturelle Prägung bezüglich Distanz und/ oder Berührungen eine Rolle spielten? Was hat sich dabei abgespielt? Wie haben Sie und/oder der Gesprächspartner reagiert?

Im Laufe dieses Kapitels haben wir acht Bereiche kennengelernt, in denen Kulturen unterschiedliche Werte-Orientierungen aufweisen können. Dabei wurden meist zwei entgegengesetzte Pole vorgestellt.
Anhand mancher Beispiele sahen wir, dass es vereinzelte Kulturen gibt, die sehr stark zum einen oder zum anderen Extrempol neigen. In vielen Fällen handelt es sich jedoch um eine Tendenz, indem eine Werte-Orientierung vorherrscht, aber auch gewisse Anteile des Gegenpols sehr wohl vorhanden sind. Inwiefern diese Anteile des Gegenpols zum Vorschein kommen, hängt sehr oft vom Kontext ab. Ein Beispiel soll dies veranschaulichen: „Deutsche" tendieren normalerweise dazu, eher zielorientiert zu sein. Diese Tendenz wird vor allem im beruflichen Kontext sichtbar, wo die Erledigung einer Aufgabe im Vordergrund steht. Das bedeutet aber nicht, dass alle Deutschen immer und überall nur zielorientiert wären. Im privaten Kontext (Freizeit) kommen sehr wohl auch die personenorientierten Züge zum Ausdruck.

Die in einer Kultur vorherrschende Grundtendenz stellt eine Art Durchschnitt dar. Es gibt in jeder Kultur Individuen, die vom Durchschnitt abweichen, sei es in die eine oder in die andere Richtung. Dies ist ein Grund mehr, sehr vorsichtig mit kulturellen Stereotypen umzugehen, denn es gibt eigentlich nicht „den Deutschen" oder „den Franzosen" etc., der immer und in allem 100% dem Durchschnitt entspricht. Außerdem konkurrieren die Werte aus verschiedenen Teilbereichen der Kultur miteinander, auch innerhalb derselben Kultur. Dadurch können in einer Person innere Konflikte ausgelöst werden. Die vorherrschende Grundorientierung im Umgang mit der Zeit kann mit der vorherrschenden Grundorientierung im Umgang mit Menschen, die Autoritätspersonen sind oder einen höheren sozialen Status haben, in Konkurrenz stehen. Wie dieser innere Konflikt zwischen konkurrierenden Werten gelöst wird, wird meist davon abhängen, welchem Wert in diesem Moment Priorität beigemessen wird. So kann jemand, der erlebnisorientiert ist, ein laufendes Gespräch vorzeitig beenden, um einen Termin auf einem Amt rechtzeitig wahrnehmen zu können.

Ich denke, meine Ausführungen haben deutlich gemacht, wie wichtig es ist Menschen anderer Kulturen nicht nach „Schema F" einzuordnen, sondern zu differenzieren. Es geht vor allem darum, uns bewusst zu machen, welche kulturellen und persönlichen Werte-Orientierungen im Hintergrund stehen mögen, die unsere Kommunikation beeinflussen.

Die Fähigkeit und der Wille dazu, Menschen anderer Kulturkreise ernst zu nehmen und die Andersartigkeit ihrer Werte-Orientierung zu respektieren sind wertvolle Voraussetzungen, wenn interkulturelle Kommunikation gelingen soll.

Außerdem sollten wir uns bewusst machen: Es sind nie „Kulturen", die miteinander kommunizieren, sondern immer einzelne Menschen, die ihre ganz persönliche und individuelle kulturelle Prägung haben. Darum ist auch das Aufeinandertreffen von zwei Menschen immer ein einzigartiges Ereignis!

4. Weitere bedeutende Faktoren

Im vorherigen Kapitel haben wir uns vorwiegend mit Werten und deren Auswirkungen auf die Kommunikation beschäftigt. Wir werden nun weitere Faktoren kennenlernen und betrachten, die bei der interkulturellen Kommunikation von Bedeutung sind. Diese sind:

* Kultur und Sprache
* Direkte und indirekte Kommunikation
* Nonverbale Kommunikation

4.1. Kultur und Sprache

Die Beziehung zwischen Kultur und Sprache ist sehr umfassend. Kultur und Sprache bedingen sich gegenseitig, denn die (Herzens-)Sprache ist einerseits ein Bestandteil der Kultur, sie ist aber gleichzeitig auch Trägerin der Kultur, denn durch die Sprache werden die Denkkonzepte und Werte einer Kultur an die nächste Generation weitergegeben. Durch die Sprache wird Kultur vermittelt und durch die Sprache erhalten Außenstehende („Outsider") Zugang zu einer Kultur.

Jede Sprache ist einzigartig:

> In ihren Möglichkeiten, sich auszudrücken.
> In ihrer Art zu denken. Es besteht eine enge Wechselbeziehung zwischen der vorherrschenden Denkweise und der Art, Gedanken auszudrücken.
> In vielen kleinen Details und Besonderheiten.

Unterschiedliche Möglichkeiten, sich auszudrücken
Jede Sprache bietet ganz eigene Möglichkeiten, sich auszudrücken. Je fremdartiger die andere Sprache in ihrem Grundkonzept ist, z. B. für Deutsche bei nicht indogermanischen Sprachen, desto stärker werden wir den

Unterschied zu unserer eigenen Sprache empfinden. Von manchen Unterschieden werden wir geradezu überrascht; wir hätten sie nie für möglich gehalten. Unsere eigene kulturelle und sprachliche Prägung führt leider zu einer gewissen Engführung, die bewirkt, dass wir in der Regel nur von uns selbst und dem, was uns bekannt ist, ausgehen.

Die nachfolgenden Beispiele sollen Ihnen einen kleinen Eindruck von der Vielfalt sprachlicher Ausdrucksmöglichkeiten geben.

> In manchen Sprachen wird eine Bitte durch den Gebrauch des Imperativs (Befehlsform, z. B. *„Leihe mir bitte etwas Geld.“*) ausgedrückt. Da die Angehörigen dieser Sprachgruppen es gewohnt sind, Bitten auf diese Weise zu formulieren, tun sie das oft auch beim Gebrauch einer Fremd- bzw. Zeitsprache. Wird in der anderen Sprache eine Bitte eher indirekt und unter Verwendung des Konjunktivs (z. B. *„Ich habe eine Bitte an Dich: Könntest Du mir etwas Geld leihen?“*) ausgedrückt, dann kann die direkte Bitte mit Gebrauch des Imperativs als sehr unhöflich empfunden werden – es sei denn, man kennt die sprachliche und kulturelle Prägung des anderen und versteht, warum er sich so ausdrückt.

> In manchen Sprachen gibt es die Form der indirekten Rede nicht, sondern es wird nur die direkte Rede gebraucht. Ich will kurz illustrieren, was das bedeuten kann: Der Satz *„Hast Du schon gehört, dass Paul den Dieb bei der Polizei angezeigt hat“* kann nicht ohne Weiteres direkt in eine Sprache übersetzt werden, die nur den direkten Stil kennt. Es muss nicht nur die indirekte Rede (*„Hast du schon gehört, dass ...“*) in direkte Rede umgeformt werden. Das Verb „angezeigt“ bedingt einen indirekten Stil und wird es als Begriff vermutlich so nicht geben. Daher muss die Tätigkeit des Anzeigens sowie das gestohlene Gut *explizit* ausgedrückt werden. Das

Endergebnis der nötigen Umformung könnte dann ungefähr folgendermaßen aussehen: *„Hast du schon gehört? Paul ist zur Polizei gegangen und hat dem Polizisten gesagt: <<Ein Dieb hat meine Brieftasche gestohlen>>."* In Sprachen, die nur den direkten Stil kennen, ist die Anzahl der Verben, welche die Aktion des Sprechens zum Ausdruck bringen, sehr begrenzt. So gibt es meist nur Worte wie „sprechen", „erzählen", „sagen", „fragen", „antworten", die auch bei der direkten Rede verwendet werden können. Gleichzeitig bedeutet das, dass Dinge explizit und auf eine direkte Weise ausgedrückt werden müssen. In Sprachen, die auch die indirekte Rede verwenden, gibt es eine fast unzählbare Anzahl an Begriffen, die einen indirekten Stil bedingen, wie z. B. „erwähnen", „anzeigen", „denunzieren", „bestätigen", „verifizieren", „protestieren", „sich rechtfertigen" etc. Hält man z. B. einen Vortrag in einer Sprache, die häufig und gerne den indirekten Stil verwendet, und dieser Vortrag wird von einem Dolmetscher in eine Sprache übersetzt, die ausschließlich den direkten Stil kennt, dann bedeutet das eine sehr große Herausforderung. Entweder man überlässt die ganze Arbeit dem Dolmetscher, der die Sätze entsprechend umformen und sogar manche Dinge explizit machen muss (und vielleicht nicht weiß, ob nun die Brieftasche oder das Fahrrad oder was auch immer gestohlen wurde), und vertraut darauf, dass schon irgend etwas von der Botschaft verstanden wird. Oder man macht sich selbst die Mühe, weicht von seinem gewohnten Stil ab, und versucht die Dinge so direkt und so explizit wie möglich zu formulieren. Das entlastet den Dolmetscher und erhöht die Wahrscheinlichkeit, dass die Botschaft verstanden wird.

> Wie bereits erwähnt[65], kann es von Sprache zu Sprache verschieden sein, welche Zeitformen es gibt und wie explizit diese verwendet werden.
> In manchen Sprachen kann ein Befehl auch durch die Verwendung des Futurs ausgedrückt werden. So heißt es z. B. in der spanischen Bibelübersetzung (Reina Valera, 1960): „No matarás." Wörtlich übersetzt würde das „Du wirst nicht töten" heißen. In diesem Fall ist aber ein Befehl gemeint, die sinngemäße und beabsichtigte Bedeutung ist „Du sollst nicht töten!"

Anhand dieser wenigen Beispiele wurde bereits deutlich, wie sehr es von der jeweiligen Grammatik einer Sprache abhängt, was ausgedrückt werden kann und was nicht, und auf welche Weise etwas ausgedrückt werden muss.
Die Grammatik bestimmt auch, in welcher Reihenfolge die verwendeten Worte angeordnet werden müssen, damit daraus ein verständlicher Satz wird. Beginnt man damit, eine Fremdsprache zu erlernen, dann ist man gerade am Anfang noch sehr stark von der Denkweise und Struktur der eigenen Sprache geprägt. Ich werde nie vergessen, wie meine Sprachlehrerin in Spanien einmal zu mir sagte: „Du gebrauchst spanische Worte, aber du sprichst deutsch!"

Worte können es in sich haben!
Ein Problem, das man bei der Übersetzung von der einen in die andere Sprache immer wieder antrifft, hat mit der Bedeutung von Worten zu tun. Meist stimmen Wortbedeutungen nicht exakt 1:1 überein, sondern es ergeben sich Nuancen oder Überschneidungen mit anderen Begriffen, die sogar einen anderen Sinngehalt haben können.
Das spanische Verb „mandar" hat beispielsweise zwei unterschiedliche Bedeutungen: „schicken, senden" oder

---

[65] Siehe S.56.

„befehlen". Welche Bedeutung genau gemeint ist, ergibt sich aus dem Zusammenhang des Satzes, in dem es verwendet wird. Kennt man nur eine dieser beiden Bedeutungen, dann wird man einen Satz, in dem die andere Bedeutung gemeint ist, entweder falsch oder gar nicht verstehen. Im Spanischen gibt es zum Verb „mandar" auch andere, synonyme Begriffe: „enviar" und „ordenar". Der Begriff „enviar" hat im Wesentlichen eine Bedeutungsebene: „schicken, senden". Der Begriff „ordenar" bedeutet – je nach Zusammenhang – entweder „befehlen" oder „(etwas) ordnen". Die folgende Abbildung veranschaulicht, dass der Begriff „mandar" in seiner Bedeutung jeweils eine gewisse Schnittmenge mit den Begriffen „enviar" und „ordenar" hat. Zwischen den Begriffen „enviar" und „ordenar" gibt es aber keine Gemeinsamkeit in der Bedeutung.

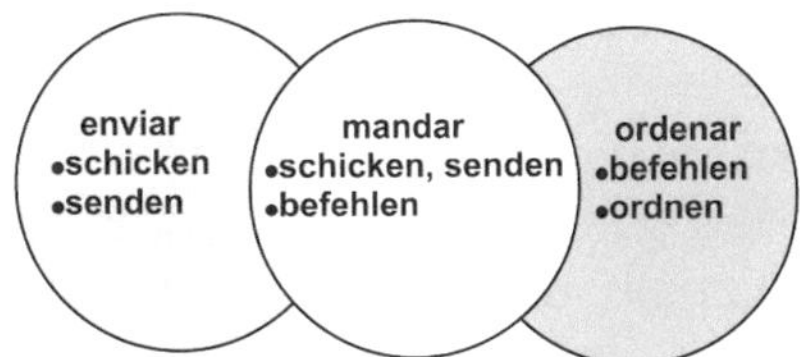

Zwischen verschiedenen Sprachen kann es durchaus Gemeinsamkeiten und Ähnlichkeiten geben. Diese können u.a. darin bestehen, dass Worte ähnlich klingen und eine ähnliche Bedeutung haben (z. B. „Wasser" und „water"). Aber auch in solchen Fällen kann die Bedeutungsbandbreite variieren und eine naheliegende, direkte oder wörtliche Übersetzung seltsame Empfindungen auslösen. Wenn z. B. jemand auf Spanisch sagt „me siento impotente", dann meint er damit nicht, dass er sich zeugungsunfähig fühlt, sondern, dass er sich machtlos, schwach oder unfähig fühlt.

In jeder Sprache gibt es eine Vielzahl von Nuancen, die man kennenlernen muss. Die eigene Sprache verfügt über Nuancen, die es in der Fremdsprache möglicherweise gar nicht gibt – und umgekehrt. Je nach Sprache kann es für Dinge, Tätigkeiten oder Eigenschaften eine große oder auch nur eine geringe Anzahl von Begriffen geben. Oft spielt dabei auch die Umwelt, in der ein Volk lebt, eine große Rolle.

➢ Manche Sprachen haben z. B. eine Vielzahl von Begriffen für die Tätigkeit „tragen": Je nachdem, ob man etwas auf den Schultern, in der Handfläche, in einer Tasche, unter dem Arm, auf dem Kopf, über den Kopf hebend, mit einer Pinzette, mit den Armen, zwischen den Zähnen, auf einem Löffel, in einem Gefäß, auf dem Rücken, trägt, wird ein unterschiedlicher Begriff verwendet.
➢ Im Spanischen gibt es z. B. die beiden Begriffe „rincón" und „esquina". Beides bedeutet „Ecke". Aber „esquina" bezeichnet die äußere Ecke (Straßenecke, Kante), „rincón" die innere Ecke (z. B. in einem Zimmer).

Eine weitere Schwierigkeit können Worte darstellen, die entweder nur regional verwendet, oder überhaupt nicht mehr gebraucht werden. Bücher spiegeln die Sprache und den Wortgebrauch zu der Zeit wider, in der sie geschrieben wurden. Gesprochene Sprachen sind etwas Dynamisches und verändern sich mit der Zeit. Früher wurde in Deutschland das Wort „Weib" ganz selbstverständlich mit der Bedeutung „Frau" verwendet. Im Laufe der Zeit erhielt das Wort jedoch einen negativen und abfälligen Beigeschmack, sodass der Begriff „Weib" heute nur noch verwendet wird, wenn man sich über ein „weibliches Wesen" abfällig äußern, oder es sogar absichtlich beleidigen möchte. Würde jemand versuchen anhand von alten Büchern Deutsch zu lernen, dann stößt er auf das Wort „Weib". Nun kann es geschehen, dass er die Bedeutung im Wörterbuch nachschlägt, es in sein Vokabelheft zum Lernen aufnimmt und in der ersten sich bietenden Situation anwendet – u.U. mit entsprechenden Folgen. Ähnliches kann natürlich auch einem Deutschen beim Lernen einer Fremdsprache passieren.
Beim Erlernen einer Fremdsprache wird meist reger Gebrauch von Wörterbüchern gemacht. Wörterbücher sind eine schöne und auch nützliche Sache, aber sie haben ihre

Grenzen. Sucht man nach einem Begriff, dann findet man meist auch eine Übersetzung dafür. Allerdings weiß man dann noch nicht, ob das aufgefundene Wort in der Fremdsprache 1) heute überhaupt noch verwendet wird, 2) überall, wo diese Sprache gesprochen wird, auch verstanden und/oder verwendet wird, 3) vielleicht nur einen ganz bestimmten Bereich des Wortfeldes abdeckt und daher nur in dem entsprechenden Zusammenhang diese Bedeutung hat. Die Verwendung von Begriffen, die in Wörterbüchern als „Übersetzung" vorgeschlagen werden, kann bei den Einheimischen schallendes Gelächter, aber auch peinliche Betroffenheit auslösen. Es kann daher eine große Hilfe beim Erlernen einer Fremdsprache sein, wenn man einen Einheimischen kennt, der als Sprachhelfer oder Tutor zur Verfügung steht. Mit ihm kann man vorgeschlagene Übersetzungen aus Wörterbüchern besprechen und dabei nachprüfen, ob und wie die Begriffe gebraucht werden bzw. den treffenderen Begriff finden.

Eine weitere Herausforderung bei der interkulturellen Verständigung stellen Redewendungen dar. Eine deutsche Redewendung ist z. B. „Du bist schwer auf Draht!" Man versteht zwar vielleicht jedes einzelne Wort, aber nicht den Sinn, – es sei denn, man kennt die Redewendung und weiß, was damit gemeint ist. Die Bedeutung einer Redewendung ist oft nur regional bekannt; Redewendungen, die in Spanien geläufig sind, werden in Südamerika nicht unbedingt verstanden. Redewendungen sind schwer übersetzbar. Allerdings sind wir uns oft gar nicht bewusst, dass wir eine Redewendung gebrauchen. Unsere Sprache ist gespickt mit Redewendungen. Wenn jemand in Deutschland den Schnupfen hat, dann sagt er: *„Mir läuft die Nase."* Für Menschen aus anderen Kulturen kann das lustig bis befremdend klingen, weil in ihren Ländern Nasen nicht laufen können!

Genauso herausfordernd sind Witze. Jemandem aus einer anderen Kultur einen Witz zu erzählen kann peinlich werden, insbesondere wenn keiner lacht, weil 1) die Pointe nicht verstanden wurde, 2) er falsch verstanden wurde, 3) er aufgrund kultureller Besonderheiten oder Tabus gar nicht gut ankommt. Es ist daher empfehlenswert, sich in interkulturellen Begegnungen mit Witzen zurückzuhalten, bis man die andere Kultur und ihre Art des Humors kennengelernt hat.

Vertiefende Fragen:
✓ Welche eigenen Erfahrungen haben Sie mit Fremdsprachen gemacht?
✓ Welche Unterschiede haben Sie im Vergleich zu Ihrer Muttersprache festgestellt?

4.2. Direkte und indirekte Kommunikation

Die kulturelle Prägung bestimmt, ob eher direkt oder eher indirekt kommuniziert wird. Dieser Faktor hängt sehr eng mit den jeweiligen Werten einer Kultur zusammen. Bei der direkten Kommunikation wird das Anliegen bereits zu Beginn des Gesprächs deutlich formuliert. Bei indirekter Kommunikation geht es wesentlich länger, bis man das eigentliche Anliegen vorbringt. Hier besteht eine enge Verbindung zur Werte-Dimension *Zielerreichung*.
Wer *zielorientiert* ist, kommt schneller „zur Sache"; wer *personenorientiert* ist, versucht zunächst eine gute Atmosphäre zu schaffen und Vertrauen aufzubauen, bevor er darauf zu sprechen kommt, was er durch das Gespräch erreichen möchte. Je nach persönlicher Prägung wird die Direktheit oder Indirektheit des anderen als höflich oder unhöflich empfunden.
Zielorientierte Menschen können indirekte Kommunikation als ziemlich nervend empfinden, weil sie das Gefühl haben, der andere sei „unsachlich" oder er „verschwende kostbare

Zeit"[66]. *Personenorientierte* Menschen können direkte Kommunikation als schockierend empfinden, weil sie das Gefühl haben, der andere würde sie mit seinem Anliegen „überfallen". Evtl. fühlen sie sich als Person sogar abgewertet, weil sie den Eindruck bekommen, nur die Sache wäre wichtig.

Die Direktheit oder Indirektheit des Kommunikationsstils kommt auch darin zum Ausdruck, wie deutlich man die Dinge anspricht und auf den Punkt bringt. Dabei besteht eine enge Verbindung zu den Werte-Dimensionen *Individualismus* und *Kollektivismus* sowie *Mut zur Bloßstellung* und *Furcht vor Bloßstellung*.

In Kulturen, die eher *individualistisch* geprägt sind und in denen man eher bereit ist, sich „zu outen", wird normalerweise auch *direkter* kommuniziert. In Kulturen, die eher *kollektivistisch* geprägt sind und in denen man es vermeidet, sich selbst oder andere bloßzustellen, wird tendenziell ein *indirekter* Kommunikationsstil bevorzugt.

In Bezug auf die Direktheit oder Indirektheit der Kommunikation gibt es auch von Kultur zu Kultur sehr unterschiedliche Nuancen. Die Bandbreite reicht auf der einen Seite des Spektrums von „sehr direkt" bis „direkt", hinüber auf die andere Seite des Spektrums, von „indirekt" bis zu „sehr indirekt". Dabei gibt es auch innerhalb eines Landes oder Sprachraums durchaus Unterschiede. Deutsche haben allgemein den Ruf, sehr direkt zu kommunizieren und dabei auch relativ schnell auf den Punkt zu kommen. Doch gibt es auch innerhalb von Deutschland regionale Unterschiede. In der Region, aus der ich stamme, in Südwest-Deutschland, wird nicht ganz so direkt kommuniziert. Die Direktheit von Landsleuten, die aus anderen Regionen kommen, habe ich in manchen Fällen schon fast als schockierend empfunden. Im Vergleich zu

---

[66] Hier kommt Zeitorientierung als weiterer Faktor hinzu. Zielorientierte Menschen sind oft auch sehr zeitorientiert.

unseren Nachbarn in der Schweiz kommunizieren wir aber sehr direkt.

Im Zusammenhang mit der Direktheit bzw. Indirektheit in der Kommunikation unterscheidet man auch zwischen sogenannten *low-context* und *high-context* Kulturen.
In sogenannten *low-context-Kulturen* spielt das, was sprachlich (verbal) ausgedrückt wird, eine wichtigere Rolle als der Rahmen (Kontext), in dem die Kommunikation stattfindet. Um die Bedeutung einer Botschaft zu entschlüsseln, wird daher primär auf die Worte geachtet, die ausgesprochen werden. In diesen Kulturen wird möglichst eindeutig und direkt kommuniziert, damit die Botschaft ankommt.
In sogenannten *high-context-Kulturen* spielt außerdem zusätzlich auch der Rahmen (Kontext) eine wichtige Rolle. Um die Bedeutung einer Botschaft zu entschlüsseln, wird nicht nur auf die Worte, sondern auch auf den Kontext geachtet. In diesen Kulturen wird daher indirekt kommuniziert und die vom Gesprächspartner gemachten Aussagen müssen „richtig interpretiert" werden. Aus dem Kontext ergibt sich, was der andere gemeint hat. Für Angehörige von *low-context-Kulturen* bedeutet das eine große Herausforderung, denn es fällt ihnen oft schwer, eine indirekte Botschaft überhaupt als solche zu identifizieren, geschweige denn, sie richtig zu verstehen. Das kann in der interkulturellen Kommunikation zu vielerlei Missverständnissen führen, weil Botschaften verloren gehen oder imaginierte Botschaften wahrgenommen werden.
Menschen, die einen *direkten Kommunikationsstil* bevorzugen, stellen normalerweise kurze und direkte Fragen. Damit nehmen sie Rücksicht auf die möglicherweise knappe Zeit des anderen. Sie erwarten auch eine direkte Antwort, die sie hauptsächlich als reine Information betrachten. Empfindungen spielen dabei keine oder nur eine zweitrangige Rolle. Man kann auf höfliche Weise seine

persönliche Meinung zum Ausdruck bringen, ohne dass die darin enthaltene Kritik als persönlicher Angriff empfunden wird. Was als höflich betrachtet wird, hängt dabei nicht von der Direktheit der Kommunikation ab, sondern davon, wie man etwas sagt. Das Prinzip ist *„Der Ton macht die Musik"*. George Bernard Shaw drückte es so aus: *„Im richtigen Ton kann man alles sagen, im falschen Ton nichts. Das einzig Heikle daran ist, den richtigen Ton zu finden."* Beim direkten Kommunikationsstil gilt das Wort. Ein „Ja" wird als ein „Ja" verstanden und ein „Nein" als ein „Nein". Eine versteckte Botschaft, z. B. in Form eines „indirekten Nein", wird meist nicht verstanden, und möglicherweise als eine Unehrlichkeit, d. h. „Lüge" des Gesprächspartners interpretiert.

Menschen, die einen *indirekten Kommunikationsstil* bevorzugen, legen großen Wert auf eine gute Atmosphäre und Höflichkeit[67]. Man möchte nicht durch eine direkte Aussage bloßstellen und beleidigen. Es ist wichtig, sein Gesicht zu wahren und peinliche Situationen zu vermeiden. Das bedeutet auch, dass mit Fragen völlig anders umgegangen wird, als in der direkten Kommunikation. Beim indirekten Kommunikationsstil versucht man darauf zu achten, Fragen auf eine Weise zu stellen, die nicht in Verlegenheit bringen, z. B., wenn der Gefragte keine Antwort weiß, aber aufgrund seiner Kultur unbedingt das Gesicht wahren möchte. In diesem Fall kann er nicht einfach antworten „Ich weiß es nicht"; er würde sich dadurch die Blöße geben und beschämt fühlen. Wir merken daran, dass der indirekte Kommunikationsstil nicht nur Auswirkungen darauf hat, wie man Fragen stellt, sondern auch darauf, wie man Fragen beantwortet. – Auch die Antworten können indirekt erfolgen und möglicherweise missverstanden werden. Insbesondere ein „Ja" meint nicht unbedingt ein

---

[67] Wie wir sahen, ist Höflichkeit auch Menschen, die einen direkten Kommunikationsstil haben, ein Anliegen. Aber ihr Verständnis davon, was als höflich gilt, ist anders, als das von Menschen, die einen indirekten Kommunikationsstil bevorzugen.

„Ja". Es kann eine Floskel sein, die ein entspanntes Gespräch einleiten soll. In manchen Kulturen gilt es sogar als unhöflich, „Nein" zu sagen, um eine Bitte abzulehnen – und man antwortet generell mit „Ja", damit sich der andere nicht schlecht fühlt. Schon so mancher Tourist, der in einem fremden Land fragte: „Ist dies der Weg zum Dorf X?", erhielt darauf die Antwort: „Ja" – und musste später frustriert feststellen, dass er auf dem falschen Weg war ...
In vielen Fällen wird das „Nein" in ein höfliches „Ja, schon ..., aber ...", oder auf eine andere Weise verpackt. Die Insider, die derselben Kultur angehören, verstehen dieses höfliche „Nein", für einen Outsider ist es schwer wahrzunehmen. Daher sollte man in solchen Kulturen auch eine geschlossene Frage vermeiden, die nur mit „Ja" oder „Nein" zu beantworten ist; statt dessen empfiehlt es sich, offene Fragen zu stellen. Die Frage „Haben Sie verstanden?" erweist sich als sinnlos, denn die Antwort „Ja" bedeutet nicht immer „Ja", sie kann aber den Fragesteller dazu bringen, sich in der verhängnisvollen Gewissheit zu wiegen, sein Anliegen wäre verstanden worden, auch wenn dies nicht der Fall ist.
Wir sahen bereits, dass in Kulturen, in denen die *Furcht vor Bloßstellung* dominiert, in bestimmten Fällen – insbesondere bei Konflikten – auch eine dritte Person als Vermittler eingeschaltet werden kann. Diese Technik kann man auch anwenden, wenn die Gefahr besteht, dass man durch eine zu direkt gestellte Frage Schaden anrichtet oder nicht ans Ziel gelangt. Sarah Lanier[68] gibt gute Tipps zum Umgang mit Fragen in Kulturen, die einen indirekten Kommunikationsstil pflegen. Fragt man in so einem Fall z. B. den Zimmer- oder Wohnungsnachbarn *„Stört dich meine Musik?"*, dann erhält man möglicherweise die Antwort: *„Nein, natürlich nicht!"*, obwohl er vom Musikstil alles andere als begeistert ist. Man

---

[68] Sarah A. Lanier, *Überall zu Hause?! Menschen aus fremden Kulturen verstehen.* (Marburg an der Lahn: Francke, 2006), S.32f.

könnte stattdessen fragen: *„Was ist denn deine Lieblingsmusik?"* Nennt der Nachbar einen anderen Musikstil, dann trifft die Musik, die er immer mit anhören muss, nicht unbedingt seinen Geschmack. Eine andere Möglichkeit wäre, eine dritte Person zu bitten: *„Frag ihn doch mal, was er von meiner Musik hält"*. Das ist der sicherste Weg, wenn man eine „klare Antwort" erhalten möchte.

Bezüglich der Direktheit der Kommunikation kann es jedoch auch Überraschungen geben: Jemand, der selbst vorwiegend direkt kommuniziert, reist in ein Land, in dem der indirekte Kommunikationsstil bevorzugt wird. Er geht davon aus, indirekt angesprochen zu werden und wird erstaunt feststellen, dass ihm zuweilen ganz unverblümte Fragen gestellt werden, die er als sehr direkt empfindet. Ob ein Kommunikationsstil als direkt oder indirekt *empfunden* wird, hängt nämlich auch mit den Themen zusammen, über die gesprochen wird. In jeder Kultur gibt es Themen, die tabu sind. Es gibt Dinge, über die spricht man nicht. Das Thema „Religion" gilt in Deutschland inzwischen weithin als „Privatsache", darüber zu sprechen ist vielen Menschen peinlich. In vielen anderen Ländern ist es völlig normal, über Religion zu sprechen, auch mit Fremden. Sexualität, Geld, Sterben und Tod sind weitere Themen, die als Tabu gelten können. Wer in einer fremden Kultur auf Themen angesprochen wird, die in der eigenen Kultur tabu sind, wird das als direkt empfinden, obwohl der generelle Kommunikationsstil ein indirekter ist.

Vertiefende Fragen:
- ✓ Welchen Kommunikationsstil bevorzugen Sie?
- ✓ Kommunizieren Sie (sehr) direkt oder (sehr) indirekt?
- ✓ Welche Erfahrungen haben Sie persönlich mit dem entgegengesetzten Kommunikationsstil gemacht? Auf welche Schwierigkeiten und Empfindungen sind sie dabei gestoßen?

4.3. Nonverbale Kommunikation

Im Laufe meiner Ausführungen habe ich immer wieder
darauf hingewiesen, dass die Botschaft, die gesendet wird,
nicht alleine aus gesprochenen Worten besteht, sondern
auch aus nonverbalen Bestandteilen. Wir sahen, dass in
high-context-Kulturen die nonverbale Kommunikation eine
besonders große Bedeutung spielt, aber auch in *low-context-
Kulturen* ist sie normaler Bestandteil der Kommunikation.
In diesem Abschnitt werden wir verschiedene Aspekte der
nonverbalen Kommunikation etwas näher betrachten. Dabei
werde ich von einem weiten Begriff nonverbaler
Kommunikation ausgehen und auch sogenannte
paralinguistische Aspekte, d. h. die Art und Weise, wie etwas
gesagt wird, mit einbeziehen.

Gestik, Mimik und Körperhaltung

Von Kultur zu Kultur variieren Gestik, Mimik und
Körperhaltung. Die Unterschiede betreffen sowohl die Art
und Häufigkeit als auch ihre Bedeutung. Es gibt Kulturen, die
sehr ausdrucksstark sind und häufig Gebrauch davon
machen. Manche Menschen solcher Kulturen brauchen ihre
Hände, damit auch der Mund richtig funktioniert. Würde man
ihnen die Hände binden, wäre auch ihre verbale
Kommunikation eingeschränkt. Andere Kulturen kommen mit
wenig Gestik und Mimik aus. Diese Dinge liegen auch ein
Stück weit in der Persönlichkeit des einzelnen Menschen
begründet, und selbst innerhalb der eigenen Kultur gibt es in
dieser Hinsicht große Unterschiede. Bei der interkulturellen
Kommunikation fällt aber besonders die *Bedeutung* ins
Gewicht, die einer Geste, einem Gesichtsausdruck oder
einer Körperhaltung beigemessen wird. Hier gibt es folgende
Möglichkeiten: Gestik, Mimik oder Körperhaltung haben in
der anderen Kultur ...
1. ... *dieselbe Bedeutung* wie in der eigenen. In diesem Fall
   gibt es keine Verständigungsprobleme.

2. *... keine besondere Bedeutung.* In diesem Fall fällt die Bedeutung „unter den Tisch", weil sie vom anderen Gesprächspartner nicht als Teil der Kommunikation wahrgenommen wird. Dadurch können auch Missverständnisse entstehen, weil möglicherweise ein Teil einer bewusst gesendeten Botschaft verloren geht.
3. *... eine andere Bedeutung.* In diesem Fall kommt es zu Missverständnissen und evtl. auch Konflikten, weil sie vom Gesprächspartner entsprechend der Bedeutung in dessen Kultur interpretiert wird – und damit eine Botschaft imaginiert wird, die so vom Sender nicht beabsichtigt war.
4. *... die genau entgegengesetzte Bedeutung.* In diesem Fall kann es zu großen Missverständnissen und Konflikten kommen, weil der Gesprächspartner genau das Gegenteil von dem versteht, was ausgedrückt werden sollte.

Nicht überall bedeutet ein Kopfnicken „Ja", in Griechenland und Bulgarien bedeutet es z. B. „Nein". Ebenso ist ein leichtes Kopfschütteln nicht immer als Zeichen der Ablehnung zu deuten.

Manche Handzeichen können in anderen Kulturen nicht nur sehr leicht Missverständnisse auslösen, sondern sogar als beleidigend aufgefasst werden. Bildet man mit Daumen und Zeigefinger einen Ring und spreizt dabei die restlichen Finger, dann kann diese Geste je nach Land als „super, alles okay", „null, wertlos", „Geld", oder auch als obszönes und beleidigendes Zeichen interpretiert werden. Ein „V", gebildet aus Zeige- und Mittelfinger, kann nicht nur als Victory- oder als Peace-Zeichen, sondern auch als Demütigung interpretiert werden.

Auch die Art und Weise, wie man jemanden herbeiwinkt, kann variieren; in manchen Kulturen sind die Finger dabei nach oben gerichtet, in anderen nach unten. Ebenso variiert auch die Art und Weise, wie die Finger zum Zählen gebraucht werden und auf welche Weise Zahlen mit den Fingern ausgedrückt werden, von Kultur zu Kultur.

In vielen Ländern gilt die linke Hand als unrein, weil sie zur Reinigung beim Toilettengang verwendet wird. Jemandem in solch einer Kultur die linke Hand zu geben, oder auch nur einen Gegenstand mit der linken Hand weiterzugeben, wird als unhöflich und beleidigend angesehen.

Bereits diese wenigen Beispiele verdeutlichen: was als höflich oder unhöflich empfunden wird, kann sehr variieren. Man hüte sich daher, gewohnte Verhaltensweisen als allgemeingültig zu betrachten, sie sind es nicht.

Auch die *Mimik* wird ganz unterschiedlich eingesetzt. Damit hängt auch zusammen, ob und auf welche Weise Gefühle zum Ausdruck gebracht werden (dürfen). Ein Lächeln bedeutet nicht immer, dass die andere Person auch wirklich fröhlich ist. Und selbst ein Lachen ist nicht immer ein Ausdruck von Freude oder Belustigung, es kann auch bedeuten, dass die andere Person unsicher ist, oder von etwas peinlich berührt wurde. Das Lachen hat in diesem Fall die Funktion, die aufgestaute Spannung auf kulturell akzeptable Weise abzubauen.

Die *Körperhaltung* ist ein weiterer Aspekt der nonverbalen Kommunikation, die ihre eigenen Botschaften vermittelt. Je nach Kultur ist es ein Ausdruck von Höflichkeit und Respekt, den Gesprächspartner beim Sprechen anzusehen und ihm sogar in die Augen zu schauen – oder das genaue Gegenteil davon. Dabei kann auch variieren, wie lange man den anderen ansehen darf.

In manchen Kulturen sollte man es vermeiden, beim Sitzen die Beine übereinanderzuschlagen, oder gar dem Gesprächspartner die Fußsohlen zu zeigen. Auch Körperhaltungen, wie z. B. die Arme vor der Brust verschränken, oder die Hände beim Sprechen in die

Hosentaschen stecken, werden von Kultur zu Kultur unterschiedlich empfunden.

Über das jeweilige Empfinden, welche Distanz zwischen den Gesprächspartnern als angemessen betrachtet wird, und ob Berührungen üblich sind oder nicht, sprach ich bereits.[69] Daher gibt es insbesondere bei der Begrüßung und Verabschiedung sowie bei der Begegnung von Menschen unterschiedlichen Geschlechts, viele nonverbale Signale, die zutreffend gedeutet werden müssen.

Tonfall und Lautstärke

Von Kultur zu Kultur unterscheidet sich auch, welcher Tonfall und welche Lautstärke als „normal" und „angemessen" gelten. In manchen Kulturen geht es eher leise, in anderen eher lautstark zu. Dies kann zu entsprechenden Fehldeutungen führen. Beobachtet jemand, der eine eher moderate Lautstärke gewohnt ist, ein sehr lautstarkes und womöglich gestenreiches Gespräch zwischen zwei Personen, dann wird er leicht zu der Annahme kommen, dass die beiden Streit haben und einander ordentlich die Meinung sagen. Das kann so sein, muss es aber nicht. Gehören die beiden derselben Kultur an wie der Beobachter, dann wird es wohl so sein. Gehören sie aber einem anderen Kulturkreis an, dann kann es sein, dass sie sich ganz normal und freundschaftlich unterhalten.

Oft hängt es vom Tonfall ab, meist in Verbindung mit der Lautstärke und dem Heben der Stimme, wie eine Aussage gemeint ist, und ob der Sender vielleicht sogar verärgert ist. Eine zwar ruhig vorgebrachte Aussage, jedoch voll bissigem Humor, kann aber ebenso ein Zeichen großer Verärgerung sein.

In vielen Sprachen ist es von der Intonation (Stimme heben oder senken) abhängig, ob ein Satz als Frage oder als Aussage verstanden werden soll. Was aufgrund der

---

[69] Siehe 3.8. Der Umgang mit Raum, S.99ff.

Intonation in der einen Sprache als Frage verstanden wird, kann – bei gleicher Intonation – in einer anderen Sprache als Befehl aufgefasst werden und damit unhöflich beim Empfänger ankommen.

Dazwischenreden und Gesprächspausen

Ist es immer unhöflich, einem anderen ins Wort zu fallen, oder sind Gesprächspausen einfach nur peinlich?

In Deutschland ist es normalerweise so, dass man seinen Gesprächspartner ausreden lassen und ihm nicht ins Wort fallen soll. Hat der eine Gesprächspartner ausgeredet, dann ist der andere dran. Dabei erwartet man, dass dieser sogleich das Wort ergreift und antwortet, usw.

In manchen Kulturen ist es durchaus üblich, einander ins Wort zu fallen, ohne dass dies als unhöflich empfunden wird. Es kann sogar nötig sein, um selbst an die Reihe zu kommen und den Sprecherwechsel einzuleiten. Tut man dies nicht, z. B. aus „deutscher Höflichkeit", dann kann es sein, man kommt im Gespräch kaum zum Zug und gilt als „nicht sehr gesprächig".

Eine weitere Variante des Gesprächsablaufs hat Ähnlichkeit mit der ersten Variante: Man lässt den Gesprächspartner ausreden und leitet so den Sprecherwechsel ein. Allerdings antwortet der andere nicht sogleich. Es erfolgt eine gewisse Gesprächspause, in der der andere über das Gehörte nachdenken und dann, wohlüberlegt, antworten kann. Ist man diese Pausen nicht gewohnt, dann kann man sie als „peinliches Schweigen" und sogar als ein Zeichen für die Beendigung des Gesprächs missdeuten.

Vertiefende Fragen:
- ✓ Denken Sie über den Themenbereich nonverbale Kommunikation nach. Wie würden Sie Ihre eigene Prägung beschreiben?

✓ Welche Unterschiede haben Sie bereits erlebt und welche lustigen oder auch peinlichen Situationen sind dabei entstanden?

5. Strategien zum Erlernen bzw. Verbessern interkultureller Kommunikation

In den vorangegangenen Kapiteln haben wir uns intensiv mit kulturellen Prägungen und deren Einfluss auf den Kommunikationsstil beschäftigt. Dabei sahen wir, wie immens und oft konträr die Unterschiede zwischen den Kulturen sein können. Es ist nur logisch, dass es in der interkulturellen Begegnung häufig zu Missverständnissen kommt. Die Frage ist nun, wie sich Missverständnisse vermeiden lassen? Wie kann die interkulturelle Kommunikation verbessert werden?
Was denken Sie? Was sollte man berücksichtigen, damit interkulturelle Begegnungen erfreulich ablaufen und es zu einem Verständnis zwischen Menschen unterschiedlicher Kulturen kommen kann? Vielleicht nehmen Sie sich einen kleinen Moment, um vor dem Weiterlesen über diese Frage nachzudenken?

Auf den folgenden Seiten werde ich einige Gesichtspunkte nennen, die mir persönlich im Laufe der Jahre in der interkulturellen Begegnung mit Menschen wichtig geworden sind. Diese Aspekte stellen Strategien dar, die dabei helfen können, dem Ziel näherzukommen.

5.1. Die richtige Einstellung

In den bisherigen Kapiteln habe ich vor allem versucht, fachliches Wissen zu vermitteln: Fachliches Wissen über Kommunikationsprozesse und über Kulturen. Solches Fachwissen ist notwendig und wichtig, um kulturelle Unterschiede verstehen zu lernen und um begreifen zu können, warum Menschen verschiedener Kulturen die Welt anders wahrnehmen, anders denken und empfinden als wir.

Ich habe dabei versucht, die Gründe für die unterschiedlichen Sichtweisen zu verdeutlichen und damit um Verständnis für andere Sichtweisen zu werben. Dieser Punkt ist mir sehr wichtig, weil in der interkulturellen Begegnung Vorurteile oft eine große Rolle spielen – bewusste wie auch unbewusste.

Wir sprachen bereits kurz über das Thema Ethnozentrismus. In der interkulturellen Begegnung gehen wir natürlicherweise zunächst einmal von uns selbst und unserer eigenen kulturellen Prägung aus und nehmen diese als Maßstab, um andere Menschen zu beurteilen. In vielen Fällen kommt hinzu, dass wir bereits vor der Begegnung mit jemandem, der einer anderen Kultur angehört, etwas über dessen Land und „die Mentalität der Leute dort" gehört haben. Egal, ob das, was wir gehört haben positiv oder negativ ist, ob es zutrifft oder nicht, der andere ist nun kein völlig „unbeschriebenes Blatt" mehr. Bewusst oder unbewusst fließen Erwartungen mit ein, wie der andere aufgrund seiner Kultur sein müsste. Bei diesen Vorinformationen über andere Länder, Menschen und deren Sitten spielen vor allem sogenannte Stereotypen eine Rolle. Stereotypen können einerseits eine Hilfe sein, weil sie Sachverhalte verallgemeinern und dadurch auch den Umfang an Informationen auf ein überschaubares und zu bewältigendes Maß reduzieren. Die Gefahr von Stereotypen ist aber, dass sie zu sehr verallgemeinern und dazu verleiten, Menschen in Schubladen einzusortieren, in die sie nicht gehören.

Vielleicht haben Sie bemerkt, dass ich – abgesehen von einigen wenigen Beispielen – relativ zurückhaltend mit Hinweisen auf die kulturelle Prägung von bestimmten Nationen war. Zu dieser Zurückhaltung habe ich mich sehr bewusst entschieden. Der Grund dafür ist einerseits der Ansatz dieses Buches, im Rahmen eines allgemeinen oder kulturübergreifenden Kulturtrainings, allgemeines Wissen über das Funktionieren von Kulturen und unterschiedliche Wertvorstellungen zu vermitteln. Mein Ziel ist eine grundsätzliche Sensibilisierung für andere Kulturen sowie die Befähigung, das erworbene Wissen in ganz unterschiedlichen Kulturen anwenden zu können. Damit verbunden ist ein weiterer Grund für meine Zurückhaltung, nämlich die Notwendigkeit, bei der interkulturellen Begegnung genau hinzuhören und hinzuschauen, Annahmen zu überprüfen und vorschnelle Urteile oder Schlussfolgerungen möglichst zu vermeiden. Indem ich die Zuordnung von Werte-Orientierungen zu Nationen unterlassen habe, wollte ich Ihnen die Möglichkeit offen lassen, eigene Entdeckungen zu machen. Je mehr Sie selbst über das in diesem Buch vermittelte Grundwissen bezüglich kultureller Unterschiede nachdenken und versuchen es anzuwenden, desto mehr werden Sie ein eigenes Gespür für andere Kulturen entwickeln, differenzieren lernen und individuell auf Ihr Gegenüber eingehen können. Trotzdem empfehle ich Ihnen, bevor Sie in ein fremdes Land reisen, sich vorher so gut wie möglich mit den dortigen Gepflogenheiten vertraut zu machen. Diese Vorbereitung ist wichtig, denn sie hilft, die größten Fettnäpfchen zu vermeiden und nicht unnötig Anstoß zu erregen. Gleichzeitig ist die Vorbereitung eine Hilfe, die wichtigsten Unterschiede im Blick zu haben und zu verstehen. Aber: Diese Vorbereitung vor der Reise ist nur Stückwerk und in der Regel betrifft sie nur die äußere Schicht des Zwiebelmodells, aber nicht die Werte, die den Verhaltensweisen zugrunde liegen. Will man die fremde Kultur wirklich verstehen lernen, dann gibt es unter der Oberfläche vieles zu entdecken. Bei der Einordnung der Entdeckungen kann Grundwissen über Kulturen eine große Hilfe sein.

Vielleicht haben Sie sich gewundert, dass ich diesen Abschnitt mit „Die richtige Einstellung" überschrieben, bisher aber sehr stark das Wissen betont habe? Sich Wissen über andere Kulturen aneignen zu *wollen* ist auch eine Frage der Einstellung – insbesondere, wenn es um ein tieferes Verständnis geht. Wenn man wirklich ein tieferes und breiteres Verständnis für eine fremde Kultur erlangen will, dann bedingt das die Bereitschaft zu einem kontinuierlichen, beständigen Kulturstudium. Leider bleiben viele, die sich in einem anderen Land niederlassen oder für eine gewisse Zeit dort leben, an einem gewissen Punkt stehen, und gehen davon aus, dass sie nun genügend über die Kultur Bescheid wüssten, oft ohne zu merken, dass sie nur ein bisschen an der Oberfläche gekratzt haben. Wissen und Lernen zu wollen, und lernbereit zu bleiben, das ist Einstellungssache. Bewusstes Beobachten, Zuhören, Nachfragen und Nachdenken gehören zu den Grundbestandteilen einer guten Strategie, um eine andere Kultur kennenzulernen und sich dadurch auch für die interkulturelle Kommunikation zuzurüsten. Dieser Ansatz folgt einem sogenannten „kognitiven" Weg, d. h., er betrifft vor allem den Kopf, eben das Wissen. Damit komme ich zu einem weiteren Aspekt, der die Einstellung betrifft und mindestens genauso wichtig ist. Dabei geht es um unser Herz. All unser Wissen hilft uns nicht wirklich weiter, wenn wir in unserem Herzen eine falsche Einstellung gegenüber anderen Menschen hegen. Ich erwähnte oben Ethnozentrismus und Vorurteile. Beides werden wir ganz bewusst überwinden müssen, wenn wir interkulturelle Kompetenz erwerben wollen und interkulturelle Kommunikation wirklich gelingen soll. Die Überwindung beginnt damit, zu erkennen und anzuerkennen, dass wir – bewusst oder unbewusst – einen ethnozentristischen Ausgangspunkt bei der Beurteilung anderer haben. Damit verbunden sind gewisse Vorurteile oder Befürchtungen, die meist auf Stereotypen basieren. Erst wenn wir zu diesem Schritt bereit sind, können wir auch etwas dagegen tun! Der nächste Schritt zur Überwindung von Ethnozentrismus und Vorurteilen besteht im bewussten Annehmen und Respektieren des anderen Menschen sowie dessen Andersartigkeit. Auch das zu wollen ist eine Frage der Einstellung. Es gilt also, sich immer wieder bewusst zu machen: unterschiedliche Kulturen haben unterschiedliche

Strategien zur Daseinsbewältigung entwickelt. Wenn etwas anders ist oder anders gehandhabt wird als in der eigenen Kultur, dann bedeutet das noch lange nicht, dass es schlechter oder besser wäre. Wir müssen uns aber bewusst machen, dass wir sehr oft von vorneherein mit einer beurteilenden Haltung an kulturelle Unterschiede herangehen. Diese beurteilende Haltung wird das Gespräch mit Angehörigen fremder Kulturen unbewusst mit beeinflussen und ihnen in irgendeiner Weise signalisieren „Wir sind besser und klüger als Ihr!" Auf diese Weise werden echte Begegnung und echtes Verständnis verhindert.

Bitte verstehen Sie mich an dieser Stelle nicht falsch. Ich möchte damit nicht sagen, dass wir unsere eigene kulturelle Identität und die damit verbundenen Werte einfach links liegen lassen oder ignorieren sollten. Und es geht mir keineswegs darum, dass wir nun alles, was in anderen Kulturen praktiziert wird, einfach unkritisch zur Kenntnis nehmen und gutheißen sollen, – insbesondere, wenn es um Ungerechtigkeit geht. Beim Vorstellen unterschiedlicher Werte war es mein Anliegen, die Hintergründe unterschiedlicher Sichtweisen deutlich zu machen und auch die dahinter stehenden Werte und Idealvorstellungen verständlich zu machen. Aber in jeder Kultur bestehen Unterschiede bezüglich Theorie und Praxis.

Wertvorstellungen und Ideale dienen der Orientierung; ob und wie weitgehend sie gelebt werden, ist damit noch nicht gesagt! Am Wertequadrat wurde deutlich, dass jeder noch so positive Wert in einen Un-Wert abrutschen kann. In jeder Kultur besteht eine gewisse Diskrepanz zwischen der Lebenswirklichkeit und den vertretenen Wertvorstellungen und Idealen. Außerdem hat jede Kultur ihre eigenen „blinden Flecken". Dabei handelt es sich meist um negative Aspekte der Kultur, die man aber irgendwie ausblendet, rechtfertigt, oft durch die „Tradition", oder schönredet. Diese blinden Flecken nehmen Angehörige anderer Kulturen oft sehr deutlich wahr; sie können uns darauf aufmerksam machen und so auf positive Weise zu einer Korrektur verhelfen. Wenn ich hier von „negativen Aspekten der Kultur" spreche, dann tue ich dies, weil ich persönlich von einer biblisch-christlichen Weltanschauung ausgehe. Die Bibel beschreibt den Sündenfall des Menschen und wie seit jenem Moment eine Diskrepanz zwischen Gottes Geboten (z. B. den Zehn Geboten) und dem Verhalten des Menschen besteht. Das bedeutet, dass sich die Gefallenheit und Sündhaftigkeit des Menschen, von der die Bibel spricht, auch in seiner Kultur, in der von ihm gewählten Strategie zur Daseinsbewältigung niederschlägt. Das führt auch zu Ungerechtigkeit. Aus diesem Grund dürfen wir meines Erachtens nicht unkritisch mit dem Faktor Kultur umgehen, denn *jede* Kultur enthält gute Aspekte und Werte, aber auch Wertneutrales und sogar Böses. Auf jeden Fall ist es wichtig zu lernen, genau zu differenzieren und vorschnelle Bewertungen und Urteile zu vermeiden. Dass dies nicht leicht ist und dass jeder Beteiligte dabei von seiner eigenen Weltanschauung ausgeht, ist mir sehr bewusst. Denn was als „sündhaftes", „böses" oder „moralisch verwerfliches" Verhalten angesehen wird, ist sehr stark durch die jeweilige Weltanschauung bedingt. Das wird z. B. beim Thema der Beschneidung von Frauen bzw. Mädchen deutlich. Ich gehe einmal davon aus, dass die Meisten von Ihnen meine Auffassung teilen, dass die Beschneidung von Frauen etwas „Schlechtes" und „Böses" ist. Damit kommen wir automatisch zur moralischen Beurteilung einer Praxis, die in bestimmten Kulturen ausgeübt und – aus unterschiedlichen weltanschaulichen Gründen – gutgeheißen wird. Solange ich niemandem aus einer solchen Kultur begegne, kann ich zwar meine Meinung zu dem Thema haben, es betrifft mich aber nicht persönlich. Wenn ich aber mit jemandem aus einer solchen Kultur zusammentreffe, d. h. einem Menschen, der die Beschneidung von Frauen persönlich gutheißt, dann sieht die Sache ganz anders aus. Wie gehe ich nun mit dieser Person um? Stelle ich mein Fähnchen plötzlich in den Wind und finde die Sache „gar nicht mehr so schlimm"? („Unsere Kulturen sind eben verschieden ...") Oder gehe ich auf vollen Konfrontationskurs und sage ihm, was für ein böser und unmöglicher Mensch er sei? Es kommt wieder auf die Haltung an: Kann ich einen anderen Menschen, der aufgrund seiner kulturellen Prägung eine Ansicht vertritt, die ich für völlig falsch halte und die mir gegen den Strich geht, trotzdem annehmen und respektieren – ohne seine Ansicht gut zu heißen? Darin besteht meines Erachtens eine der größten Herausforderungen interkultureller Begegnungen und interkultureller Kommunikation. Die Gefahr ist, entweder auf der einen oder auf der anderen Seite vom Pferd zu fallen. Annahme und Respekt werden ja gerade dort zur Herausforderung, wo Verschiedenartiges aufeinandertrifft. Gerade in solchen Momenten erfolgt der Test, wie es um meine Haltung bestellt ist, ob ich Haltung bewahren und dem anderen mit einer wertschätzenden Einstellung begegnen kann. Eine gute Richtschnur für meine Haltung dem anderen gegenüber ist sicher die „goldene Regel", d. h. ihm mit demselben Respekt zu begegnen, mit dem ich von ihm behandelt werden möchte.

In der interkulturellen Begegnung kann der Respekt leicht verloren gehen, ohne dass uns dies bewusst ist. Dies geschieht insbesondere in der Begegnung mit erwachsenen Personen in unserem eigenen Land, die unsere Sprache noch nicht gut sprechen. In diesen Fällen ist der zur Verfügung stehende Wortschatz noch sehr limitiert und man muss beim Gespräch einen sehr einfachen Wortschatz verwenden, ähnlich, wie beim Gespräch mit kleinen Kindern. Da kann es leicht geschehen, dass wir den anderen (Erwachsenen!) wie ein kleines Kind behandeln, ihn einfach ungefragt duzen, und ihn auf diese Weise respektlos behandeln.

Zur richtigen Einstellung gehört auch, dass wir unserem Gegenüber eine von Liebe geprägte Haltung ent-gegenbringen. Wenn Liebe durch Wertschätzung, Respekt und den Versuch, den anderen nicht leichtfertig in Verlegenheit zu bringen, zum Ausdruck kommt, wird er meine positive Grundeinstellung ihm gegenüber spüren. Dann wird er mir leichter verzeihen können, wenn ich gedankenlos oder unwissend in ein kulturelles Fettnäpfchen getreten bin. Auch mir selbst hilft diese Haltung der Liebe, ihm leichter zu verzeihen.

5.2. Interkulturelle Kompetenz erlernen

Im vorigen Abschnitt ging es viel um das Wissen, den „Kopf", und um die Haltung, das „Herz". Beide sind entscheidend beteiligt beim Erlernen interkultureller Kompetenz. Ein weiterer Aspekt kommt aber noch hinzu, nämlich die Praxis, die „Hände". Erst in der Praxis zeigt sich, wie es um meine interkulturelle Kompetenz wirklich bestellt ist, d. h., inwiefern ich es gelernt habe, mit Menschen aus anderen Kulturen auf eine Weise umzugehen, damit die Begegnung für *beide* zufriedenstellend sein kann. Das setzt natürlich eine gegenseitige Grundbereitschaft voraus, sich auf den jeweils anderen und seine Kultur einzustellen. Als Fremder wird man vermutlich in den meisten Kulturen eine gewisse Offenheit und auch Neugierde bei den Einheimischen antreffen, in manchen Kulturen sogar eine sehr ausgeprägte Gastfreundschaft. Die Einheimischen gehen in der Regel auch davon aus, dass der Fremde ihre Bräuche zunächst nicht kennt und manches aus Unwissenheit falsch machen wird. Zumindest am Anfang genießt man damit noch eine gewisse „Narrenfreiheit" und Verstöße gegen geltende Regeln werden leichter verziehen. Aber je länger der Fremde da bleibt, desto mehr erwarten die Einheimischen, dass er es lernt, sich auf eine angemessene Art zu verhalten, d. h., dass er ihre Kultur kennen und entsprechend damit umgehen lernt. Wenn man also in einem anderen Kulturkreis für längere Zeit lebt, dann ist man auch gefordert, die Kultur des Gastlandes kennenzulernen und sich in gewisser Weise zu integrieren. Dies geschieht, indem man die Sprache erlernt, denn sie ist die Grundlage, um einen guten Zugang zur Kultur zu erhalten. Mit dazu gehört die Anpassung an die Gepflogenheiten des Landes, das Pflegen von Beziehungen mit Einheimischen und das Vermeiden von allem, was unnötig Anstoß erregt. Integration bedeutet jedoch nicht seine eigene kulturelle Identität aufzugeben, denn das wäre Assimilation. Integration erfolgt, indem man sich bewusst in das neue Lebensumfeld einfügt und positive Beziehungen zu den Angehörigen des Gastlandes pflegt, obwohl man eine andere kulturelle Identität hat und diese beibehält. Dabei geschieht es sehr wohl, dass diese kulturelle Identität durch den Kontakt mit der anderen Kultur verändert und bereichert wird.

Eine wichtige Voraussetzung, um interkulturelle Kompetenz zu erlernen, ist das Kennenlernen der eigenen kulturellen Identität. Es geht also nicht nur darum, die andere Kultur kennenzulernen, sondern ich muss zunächst einmal verstehen, wie ich selbst „ticke", damit ich kulturbedingte Unterschiede als solche erkennen und mit ihnen umgehen lernen kann. Als Hilfestellung dazu waren u.a. die Fragen in den vorigen Kapiteln gedacht. Am Besten lernt man seine eigene kulturelle Identität natürlich in der Begegnung mit Menschen aus fremden Kulturen kennen, insbesondere im fremdsprachigen Ausland. Darüber hinaus ist die Aneignung spezifischen Wissens über die fremde Kultur hilfreich. Gerüstet mit Grundkenntnissen über Kulturen im Allgemeinen und die Gastkultur im Besonderen (Vorbereitung vor der Ausreise!) lernt man eine neue Kultur am Besten vor Ort, im Umgang mit den Menschen, kennen. Dabei wird das Wissen kontinuierlich erweitert und in vielfältigen Situationen angewandt werden. An der konkreten Begegnung zeigt sich am ehesten die innere Einstellung gegenüber Land und Leuten. Das wichtigste Wissen über die Kultur lernt man natürlich in persönlichen Gesprächen. Mir selbst hat in Peru die tägliche Begegnung mit einem Tutor und Sprachhelfer sehr geholfen. Wir haben über „Gott und die Welt" gesprochen und uns sehr oft darüber unterhalten, wie die Dinge in Peru und wie sie in Deutschland gehandhabt werden. Von diesem gegenseitigen Austausch haben wir beide profitiert; auch mein peruanischer Gesprächspartner hat Neues dazu gelernt. Ich selbst war dabei herausgefordert, sowohl über meine eigene Kultur nachzudenken als auch eine neue Kultur kennenzulernen und dadurch beides bewusster wahrzunehmen. Es empfiehlt sich, solche Begegnungen nicht auf einen Dialog zu beschränken, der ständig im selben Rahmen stattfindet. Verschiedene gemeinsame Aktivitäten und Erlebnisse helfen nämlich, den Horizont zu erweitern und miteinander Neues zu entdecken. Besonders interessant können dabei Dinge sein, die man rein „zufällig" beobachtet und auf die man im Gespräch sonst gar nicht gekommen wäre. In unterschiedlichen Situationen und Rahmenbedingungen zeigen sich die entsprechenden Verhaltensweisen und Arten zu kommunizieren.

Etwas ganz Wichtiges beim Kennenlernen einer anderen Kultur und der Aneignung interkultureller Kompetenz ist Geduld – mit den Angehörigen der anderen Kultur und vor allem auch mit sich selbst. Das Leben in einer fremden Kultur kostet Kraft und verursacht Stress. Kulturstress ist eine ganz normale Begleiterscheinung, insbesondere bei einem längeren Auslandsaufenthalt. Im Extremfall kann es zu einem sogenannten „Kulturschock" kommen, der die eigene Handlungsfähigkeit stark beeinträchtigen kann. Am Anfang der Reise überwiegt ja noch die Neugierde. Die Spannung und der Reiz des Exotischen bewirken eine emotionale Hochphase, die aber mit der Zeit verschwindet und von Stress mit der anderen Kultur abgelöst wird. Irgendwann kommt dann ein Tiefpunkt, an dem einem alles auf die Nerven gehen kann. Wann dieser Tiefpunkt kommt, hängt von der Länge des Aufenthalts ab; bei einem mehrjährigen Aufenthalt wird er meist im zweiten Jahr erreicht, zu einem Zeitpunkt, zu dem man also nicht mehr damit rechnet. Gerade in dieser Phase ist es wichtig zu wissen, dass Kulturstress und ggf. ein Kulturschock normale Begleiterscheinungen sind. Ebenso wichtig ist das Wissen, dass sich die Emotionen nach einer gewissen Zeit wirklich wieder stabilisieren, wenn man dran bleibt und versucht, eine gute Haltung zu bewahren bzw. wiederzuerlangen. Dieses Wissen kann dabei helfen, die nötige Geduld aufzubringen und offen für die interkulturelle Begegnung zu bleiben. Übrigens führt auch die Rückkehr von einem längeren Auslandsaufenthalt zu Kulturstress. Beim sogenannten „Re-entry", dem Wiedereintritt in das eigene kulturelle Umfeld, kommt es, ähnlich wie beim Wiedereintritt eines Space-Shuttles in die Erdatmosphäre, zu „Reibung". Dies rührt daher, dass man sich selbst durch das Leben in einer anderen Kultur verändert hat und der eigene Horizont erweitert wurde. Bei der Rückkehr in die Heimat kommt es dadurch zu Spannungen und Stress mit der eigenen Kultur. Hat man lange Zeit im Ausland gelebt, dann kann die Re-entry-Phase einige Zeit in Anspruch nehmen. In vielen Fällen dauert es zwei bis drei Jahre, bis man sich wieder eingelebt hat und in der Heimat wirklich wieder zu Hause fühlt.

Eine wichtige Strategie zum Erwerb interkultureller Kompetenz ist natürlich das *aktive Zuhören* und *Fragen stellen*. Interessierte Fragen und ein offenes Ohr, das genau hinhört, fördern den Aufbau vertrauensvoller Beziehungen. Vertrauen ist ein wichtiges „Kapital" bei der interkulturellen Begegnung. Denn nur da, wo wirkliches Vertrauen entsteht, wird der Gesprächspartner sich öffnen und mich irgendwann auch „hinter die Kulissen" blicken lassen. Viele wichtige und kulturrelevante Informationen erhalten wir nur in Beziehungen, die auf Vertrauen basieren. Daher ist es etwas vom Wichtigsten, gute und stabile Beziehungen zu „Insidern" der jeweils anderen Kultur aufzubauen. Solche Beziehungen zu „Insidern" sind auch wichtig, wenn man irgendetwas gar nicht mehr versteht oder etwas schiefgelaufen ist, man aber nicht weiß, was, und wie man damit umgehen soll. Man kann sie um Rat fragen, und in der Regel werden sie dem „Greenhorn" gerne weiterhelfen. Inwieweit diese „Insider" Beobachtungen, die sie beim Verhalten des kulturellen „Outsiders" gemacht haben, von sich aus ansprechen, wird von ihrer eigenen kulturellen Prägung abhängen. Schon mancher hat die Erfahrung gemacht, dass man ihm erst nach Jahren gesagt hat, wie die Dinge tatsächlich sind und womit er die Einheimischen vielleicht jahrelang genervt hat. Insbesondere Menschen aus Kulturen, die *Furcht vor Bloßstellung* haben und *indirekt* kommunizieren sind meist zu höflich, um die Dinge gleich klarzustellen.

Wenn ich hier Fragen stellen als Strategie nenne, dann ist natürlich zu berücksichtigen, worauf ich bei der Thematik *direkte* und *indirekte Kommunikation* hingewiesen habe. Die Art, wie Fragen gestellt und wie sie beantwortet werden, ist kulturell geprägt. Im Rahmen eines Kulturstudiums empfiehlt es sich übrigens, dieselben Fragestellungen mit unterschiedlichen Angehörigen der fremden Kultur zu besprechen. Das hilft einerseits dabei, erhaltene Antworten zu überprüfen und zu verifizieren. Gleichzeitig dient es dazu evtl. neue, weitere Gesichtspunkte eines Themengebietes kennenzulernen, welche der vorherige Gesprächspartner nicht erwähnt hat.

5.3. Der Umgang mit Schwierigkeiten

In der interkulturellen Begegnung sind Fettnäpfchen manchmal unausweichlich und früher oder später kann es zu Schwierigkeiten in der Kommunikation kommen. Wie soll man damit umgehen?
Nicht immer kann man auftauchende Schwierigkeiten sofort lösen. Manchmal braucht man zunächst einen gewissen

emotionalen Abstand zur Situation, damit man wieder klar denken kann. Es empfiehlt sich, die Situation (den Dialog, Ablauf etc.) nochmals vor Augen zu stellen und darüber nachzudenken, was eigentlich abgelaufen ist. Man könnte die Botschaften z. B. anhand des Kommunikationsquadrats analysieren und sich fragen, welche Bestandteile die gesendeten Botschaften hatten, worauf das Gewicht vermutlich lag, und mit welchen Ohren man selbst oder der andere die Botschaften gehört hat. Hilfreich ist auch die Frage, ob irgendwelche Botschaften verloren gegangen sind und/oder imaginierte Botschaften empfangen wurden. Das bewusste Reflektieren der erlebten Situation ist einerseits wichtig zur Vermeidung desselben Problems in der Zukunft, gleichzeitig kann es eine wichtige Vorbereitung zur Lösung eines entstandenen Konflikts sein.

Wer verstanden hat, weshalb es zum Konflikt kam, kann dann auch gezielt überlegen, was er seinerseits zu einer Beilegung beitragen könnte, z. B. ob es sinnvoll ist, nochmals das Gespräch zu suchen, und dabei berücksichtigt, wie das kulturell angemessen geschehen kann.

Im deutschsprachigen Raum wird normalerweise die sogenannte „Meta-Kommunikation" als „Königsdisziplin" zur Lösung von Konflikten empfohlen, die ihre Ursache im Kommunikationsstil der Gesprächspartner haben. Meta-Kommunikation bedeutet, dass beide Gesprächspartner „einen Schritt zurück" machen, und vereinbaren über ihren Gesprächsstil bzw. über ihre Art, wie sie miteinander kommuniziert haben, zu sprechen. Dabei versucht man verschiedene Fragen zu klären, z. B. ob der gegenseitige Umgang von Respekt und dem Ernstnehmen des anderen geprägt ist, wie die gesendeten Nachrichten jeweils gemeint und auf welche Weise sie vom anderen entschlüsselt wurden. Das Ziel der Meta-Kommunikation ist u.a. Missverständnisse aufzudecken und aufzuklären, sowie eine

Grundlage für das bessere Gelingen der Kommunikation in der Zukunft zu legen. Meta-Kommunikation setzt daher eine gute Vertrauensbeziehung, Offenheit und gegenseitigen Respekt voraus. Grundsätzlich kann Meta-Kommunikation auch eine Möglichkeit zur Klärung von Schwierigkeiten in der interkulturellen Kommunikation sein, aber nicht immer! Meta-Kommunikation setzt die Fähigkeit zu *direkter* Kommunikation, zum Ausdrücken *eigener* Empfindungen und *Mut zur Bloßstellung* voraus. Wo der Gesprächspartner aufgrund seiner eigenen kulturellen Prägung damit Schwierigkeiten hat, wird er vermutlich auch mit dem Praktizieren von Meta-Kommunikation überfordert sein. In solchen Fällen werden die Schwierigkeiten evtl. noch verstärkt, wenn man versucht Meta-Kommunikation als Methode zur Lösung von Kommunikationsproblemen einzusetzen, ohne den kulturellen Hintergrund des anderen zu berücksichtigen. Überall dort, wo *indirekte* Kommunikation und *Furcht vor Bloßstellung* eine große Rolle spielen, empfiehlt es sich, bei Konflikten oder Störungen in der Kommunikation einen indirekten Weg zu gehen und einen Vermittler[70] einzuschalten, der das Vertrauen beider Seiten genießt.

Zur Vermeidung von Kommunikationsstörungen oder zur Klärung von Konflikten wird im deutschsprachigen Raum neben der Meta-Kommunikation auch auf den Gebrauch sogenannter aktiver „Ich-Botschaften" verwiesen: Jeder Gesprächspartner wird aufgefordert, die Ich-Form zu gebrauchen und auf diese Weise seine eigene Meinung und seine eigenen Gefühle zum Ausdruck zu bringen. Im Konfliktfall soll dieser Gebrauch aktiver „Ich-Botschaften" den

---

[70] Sehr lesenswert ist in diesem Zusammenhang folgender Artikel über Interkuturelle Mediation: Catarina Barrios, „Interkulturelle Mediation in Teams mit multinationaler Belegschaft aus Deutschland und Lateinamerika" In *Interkulturelle Kommunikation: Methoden, Modelle, Beispiele.* (Reinbek: Rowohlt, 2006), S.248ff.

Gesprächspartnern die Möglichkeit geben, Persönliches an- und auszusprechen, gleichzeitig aber dem Gegenüber dadurch den Raum zu lassen, die Dinge anders sehen zu können. Nur, auch dem Gebrauch dieser „Gesprächstechnik" sind kulturelle Grenzen gesetzt! Das Formulieren von Ich-Botschaften setzt dieselben Fähigkeiten voraus, wie die Meta-Kommunikation. Zusätzlich spielt hier die Beziehung zwischen Individuum und Gruppe eine Rolle. Jemandem, der einer individualistisch geprägten Kultur angehört, wird es normalerweise nicht schwerfallen, die eigene Meinung, sowie eigene Wünsche und Gefühle wahrzunehmen und auszudrücken. Ist eine Person aber stark kollektivistisch geprägt, dann ist sie es gar nicht gewohnt, ihre eigene Meinung auszudrücken und sich damit von der Gruppe abzuheben. Sie kann damit ebenfalls schlichtweg überfordert sein, wenn sie aufgefordert wird, ausschließlich „Ich-Botschaften" zu senden.

Beim Einsetzen der erwähnten Gesprächstechniken oder ähnlicher Methoden muss man sich daher immer gut überlegen, inwieweit sie angesichts der kulturellen Prägung des Gegenübers angebracht und erfolgreich verwendbar sind, sonst werden sie mehr Probleme schaffen als lösen.

Wir sprachen in diesem Buch sehr viel über den Einfluss der kulturellen Prägung auf den Kommunikationsstil und die Schwierigkeiten, die sich daraus ergeben können. Der Faktor Kultur ist sicherlich sehr wichtig und er sollte bei der Kommunikation von Angehörigen unterschiedlicher Kulturen auch immer berücksichtigt werden. Allerdings besteht auch die Gefahr, *alles* durch die kulturelle Brille sehen und deuten zu wollen. Manchmal kommt es in der Begegnung zwischen Angehörigen unterschiedlicher Kulturen auch zu Missverständnissen oder Konflikten, die mit ihrer jeweiligen kulturellen Prägung überhaupt nichts zu tun haben. Die

Ursachen dafür können auch auf der individuellen, sozialen oder ökonomischen Ebene liegen.

Ich möchte abschließend nochmals darauf hinweisen, dass nie Kulturen, sondern immer Menschen mit unterschiedlichen kulturellen und sonstigen Prägungen miteinander kommunizieren. Jeder Mensch ist einzigartig in seiner Art und individuellen Prägung – mit einer einzigartigen Geschichte. Daher ist auch jede Begegnung zwischen Menschen ein einzigartiges Ereignis, verbunden mit Chancen und Herausforderungen. Das Schöne dabei ist: aus Fremden können wirklich Freunde werden!

Literatur

Doser, Susanne. *30 Minuten für interkulturelle Kompetenz.*
Offenbach: GABAL, 2006.

Erll, Astrid; Gymnich, Marion. *Interkulturelle Kompetenzen.*
Erfolgreich kommunizieren zwischen den Kulturen.
Stuttgart: Klett, 2010.

Hesselgrave, David J. *Communicating Christ Cross-Culturally.*
2nd ed. Grand Rapids, Michigan: Zondervan, 1991.

Hofstede, Geert; Hofstede, Gert Jan. *Lokales Denken, globales*
Handeln. Interkulturelle Zusammenarbeit und globales
Management. München: Deutscher Taschenbuch Verlag,
2011.

Käser, Lothar. *Fremde Kulturen. Eine Einführung in die Ethnologie*
für Entwicklungshelfer und kirchliche Mitarbeiter in
Übersee. Bad Liebenzell: Verlag der Liebenzeller Mission,
1997.

Käser, Lothar. *Animismus.* Bad Liebenzell: Liebenzeller Mission,
2004.

Kumbier, Dagmar; Schulz von Thun, Friedemann (Hg.).
Interkulturelle Kommunikation: Methoden, Modelle,
Beispiele. Reinbek: Rowohlt, 2006.

Lanier, Sarah A. Lanier. *Überall zu Hause?! Menschen aus*
fremden Kulturen verstehen. Marburg an der Lahn:
Francke, 2006.

Lingenfelter, Sherwood G; Mayers, Marvin K. *Kulturübergreifender*
Dienst. Ein Modell zum besseren Verstehen
zwischenmenschlicher Beziehungen. Bad Liebenzell:
Verlag der Liebenzeller Mission, 2001.

Maletzke, Gerhard. *Interkulturelle Kommunikation. Zur Interaktion zwischen Menschen verschiedener Kulturen.* Opladen: Westdeutscher Verlag, 1996.

Ott, Craig. "Interkulturelles Mentoring". in: Müller, Klaus W.; Schirrmacher, Thomas (Hg.). *Ausbildung als missionarischer Auftrag: Referate der afem-Jahrestagung 1999.* Edition afem – mission reports 7. Bonn: Verlag für Kultur und Wissenschaft, 2000. S. 61-78.

Pollock, David C.; Van Reken, Ruth E.; Pflüger, Georg. *Third Culture Kids. Aufwachsen in mehreren Kulturen.* Marburg an der Lahn: Francke, 2003.

Schmidt, Jürgen H. *Begegnungen in Peru. Urwaldindianer auf dem Weg ins 21. Jahrhundert.* Norderstedt: Books on Demand, 2015.

Schulz von Thun, Friedemann. *Miteinander Reden 1. Störungen und Klärungen.* Reinbek: Rowohlt, 1981.

Schulz von Thun, Friedemann. *Miteinander Reden 2. Stile, Werte und Persönlichkeitsentwicklung.* Reinbek: Rowohlt, 1989.

Schulz von Thun, Friedemann. *Miteinander Reden 3. Das „Innere Team" und situationsgerechte Kommunikation.* Reinbek: Rowohlt, 1998.

Spencer-Oatey, Helen. *Culturally speaking: managing rapport through talk across cultures.* London: Continuum, 2000.

Buchempfehlung

Jürgen H. Schmidt:
Begegnungen in Peru
Urwaldindianer auf dem Weg ins 21. Jahrhundert

Die Welt der Urwaldindianer ist für uns Europäer eine fremde und geheimnisvolle Welt. Gleichzeitig geht eine gewisse Faszination von ihr aus und viele verbinden damit Begriffe wie "Harmonie" und "letztes Paradies". Die Welt der Indianer ist jedoch heute einem rasanten Wechsel unterzogen. Während die Generation der Großeltern noch in der Steinzeit lebte, benützt heute ein Teil der Enkelgeneration bereits das Handy und surft im Internet. Der Autor hatte die Gelegenheit, Indianer aus vielen verschiedenen Stämmen des peruanischen Urwaldes kennenzulernen. Anhand von unzähligen Begegnungen hat er ein paar ausgewählt, um dem Leser Einblicke in die Welt der Indianer zu geben.

112 Seiten, Paperback, Preis: Euro 7,90 (inkl. MWSt). Erschienen bei Books on Demand, ISBN 978-3-7386-2127-3.

Auch als eBook erhältlich! Preis: Euro 5,99 (inkl. MWSt).

Weitere Informationen und eine Leseprobe finden Sie im Internet unter: www.jürgenschmidt.net